Guttentagsche Sammlung
Nr. 123 Deutscher Reichsgesetze Nr. 123
Textausgaben mit Anmerkungen.

Gesetz über einen
Warenumsatzstempel

Vom 26. Juni 1916

mit Einleitung, Anmerkungen und Sachregister,
nebst den **Ausführungsbestimmungen**
und **Auslegungsgrundsätzen des Bundesrats**

von

Geheimem Oberjustizrat **Otto Lindemann,**
vortragendem Rat im Justizministerium.

Berlin 1916
J. Guttentag, Verlagsbuchhandlung,
G. m. b. H.

Roßberg'sche Buchdruckerei, Leipzig

Inhaltsübersicht.

Verzeichnis der Abkürzungen.

A. = Anmerkung.
Abs. = Absatz.
AB. = Ausführungsbestimmungen zum Gesetz über einen Warenumsatzstempel (abgedruckt unter III).
AG. = Ausführungsgesetz.
BGB. = Bürgerliches Gesetzbuch.
DNotV. = Zeitschrift des Deutschen Notarvereins.
EG. = Einführungsgesetz.
G. = Gesetz; soweit nichts anderes bemerkt ist, ist das Gesetz über einen Warenumsatzstempel gemeint.
GewO. = Gewerbeordnung.
GS. = Preußische Gesetzsammlung.
HGB. = Handelsgesetzbuch.
JW. = Juristische Wochenschrift.
KommBer. = Kommissionsbericht (Reichstagsdrucksache 1914/16 Nr. 321).
LStG. = Preußisches Stempelsteuergesetz.
OLGRspr. = Die Rechtsprechung der Oberlandesgerichte, herausgegeben von Falkmann und Mugdan.
PrVerwBl. = Preußisches Verwaltungs-Blatt.
RG. = Urteil des Reichsgerichts.
RGBl. = Reichsgesetzblatt.
RGSt. = Entscheidungen des Reichsgerichts in Strafsachen.
RGZ. = Entscheidungen des Reichsgerichts in Zivilsachen.
RStG. = Reichsstempelgesetz.
RZBl. = Zentralblatt für das Deutsche Reich.
StGB. = Reichs-Strafgesetzbuch.
ZBl. = Zentralblatt der preußischen Verwaltung der Zölle und indirekten Steuern.
ZPO. = Zivilprozeßordnung.

Einleitung.

Das Gesetz über einen Warenumsatzstempel stellt sich formell als eine Änderung des Reichsstempelgesetzes vom 3. Juli 1913 (RGBl. S. 639) dar, indem es an Stelle der bisherigen Tarifnummer 10, welche Schecks als Gegenstand der Besteuerung bezeichnete, eine neue Tarifnummer setzt und die zu dieser Tarifnummer gehörigen Paragraphen des Reichsstempelgesetzes durch neue Vorschriften ersetzt. Seinem Inhalte nach führt indessen das Gesetz eine völlig selbständige, neue Art der Besteuerung ein, welche als indirekte Generalsteuer in Zukunft wohl den wichtigsten Bestandteil der indirekten Reichssteuern bilden wird.

Die verbündeten Regierungen hatten dem Reichstage zusammen mit den übrigen Kriegssteuergesetzen am 13. März 1916 den Entwurf eines Quittungsstempelgesetzes (Reichstagsdrucksache 1914/16 Nr. 224) zur Beschlußfassung vorgelegt, der indessen sowohl in der Öffentlichkeit wie bei der ersten Lesung der neuen Steuergesetze im Reichstage eine wenig günstige Beurteilung fand. Die 11. Kommission, an welche der Entwurf des Quittungsstempelgesetzes zur Vorberatung überwiesen wurde, beschloß bereits in der ersten Lesung die Beratung über den Entwurf des Bundesrats auszusetzen und sofort in die Beratung eines ihr von dem Abgeordneten Müller (Fulda) unterbreiteten Antrags einzutreten, welcher eine prozentuale Belastung des Warenumsatzes mit 1 ‰ bezweckt. Dieser Gedanke fand im allgemeinen die Billigung der Mehrheit der Kommission. Nach erheblichen Änderungen des ursprünglichen Antrags beschloß die Kommission die Zustimmung des Reichstags zu dem von ihr aufgestellten Gesetzentwurf über einen Warenumsatzstempel zu beantragen (KommBer. Reichstagsdrucks. 1914/16 Nr. 321), während der bereits in erster Lesung einstimmig abgelehnte Regierungsentwurf als erledigt angesehen wurde. Die zweite Beratung des Entwurfs in der Vollversammlung des Reichstags fand am 2. Juni statt (Sten. Bericht S. 1394 A ff.). Hierbei wurde in sachlicher Hinsicht lediglich eine Änderung der Befreiungsvorschrift 2 der Tarifnummer 10 beschlossen, im übrigen dem Kommissionsantrage zugestimmt. In dritter Lesung wurde das Gesetz am 5. Juni (Sten. Bericht S. 1507 B) ohne Erörterung vom Reichstag angenommen.

Die besonderen Schwierigkeiten, welche das Gesetz der Auslegung bietet, beruhen zum Teil auf seinem Inhalt, da seine Vorschriften auf die außerordentlich mannigfaltigen Formen des Warenverkehrs angewendet werden müssen, zum Teil auf seiner Entstehungsgeschichte, da, abgesehen von dem Berichte der Reichstagskommission und den stenographischen Berichten des Reichstags, Gesetzesmaterialien nicht vorhanden sind. Um den zahlreichen bereits aufgetauchten Zweifeln zu begegnen und den gewerblichen Kreisen einen Anhalt für die Handhabung des Gesetzes zu geben, hat der Bundesrat Auslegungsgrundsätze aufgestellt, die zwar nur für die mit der Anwendung des Gesetzes befaßten Steuerbehörden bindend sind, aber für alle Beteiligten und auch für die Gerichte eine wichtige Anleitung zur richtigen Auslegung des Gesetzes bilden (unten abgedruckt unter IV). Daneben hat der Bundesrat die unter III abgedruckten Ausführungsbestimmungen erlassen.

Das Gesetz besteuert die Warenumsätze in doppelter Form, nämlich

a) die Anmeldung, die jeder Gewerbetreibende über die im Laufe des Kalenderjahres für im Betriebe seiner inländischen Niederlassung gelieferte Waren erhaltenen Zahlungen oder nach seiner Wahl über das Entgelt für die erfolgten Lieferungen ohne Rücksicht auf die Bezahlung auf vorgeschriebenem Vordrucke aufzustellen und bei der Steuerbehörde einzureichen hat (die Abgabepflicht entfällt, wenn der Jahresbetrag der Zahlungen sich auf nicht mehr als 3000 ℳ beläuft);

b) die Einzelquittung, welche der Empfänger einer Zahlung für eine nicht im Betriebe eines inländischen Gewerbes erfolgende Warenlieferung im Betrage von mehr als 100 ℳ zu erteilen hat (Quittungszwang).

Die Steuer ist im Falle a mit der Anmeldung bar einzuzahlen, im Falle b durch Verwendung von Stempelmarken zu entrichten. Der Steuersatz ist in beiden Fällen 1 vom Tausend des Gesamtbetrags der Zahlungen in Abstufungen von 10 Pfennigen für je volle 100 ℳ. Finanziell fällt natürlich hauptsächlich die zu a bezeichnete Besteuerung ins Gewicht.

Der Begriff des Gewerbes ist für den Geltungsbereich des Gesetzes gegenüber der Gewerbeordnung erweitert; es fällt darunter auch der Betrieb der Land- und Forstwirtschaft, der Viehzucht, der Fischerei, des Gartenbaues und der Bergwerksbetrieb, dagegen nicht die Jagd. Beim Verkauf der Jagderzeugnisse sind also, sofern es sich um Lieferungen im Werte von mehr als 100 ℳ handelt, Einzelquittungen auszustellen und zu versteuern, da es sich um Zahlungen für Warenlieferungen außerhalb eines Gewerbebetriebs handelt. Die Gewerbsmäßigkeit einer Unternehmung wird nicht dadurch ausgeschlossen, daß sie von einer öffentlichen Körperschaft, z. B. ein Bergwerk vom Staate, eine Friedhofsgärtnerei von einer Gemeinde, von Vereinen, Gesellschaften oder Genossenschaften, die nur an die eigenen Mitglieder liefern, betrieben wird. Die Absicht der Gewinnerzielung ist nicht

Voraussetzung für einen Gewerbebetrieb im Sinne des Gesetzes. Reich, Staaten, Gemeinden und Gemeindeverbände sind nur insofern privilegiert, als Lieferungen von Gas, elektrischem Strom und Leitungswasser durch sie steuerfrei sind. Zur Anwendung der Befreiungsvorschrift genügt es indessen nicht, daß die Gas-, Elektrizitäts- oder Wasserwerke von einer privaten Gesellschaft betrieben werden, an der Reich, Bundesstaat, Gemeinde oder Gemeindeverband als Gesellschafter oder in ähnlicher Weise beteiligt sind.

Der Begriff der Ware ist im Gesetz nicht definiert. Auch die negative Vorschrift des Gesetzes, daß als Waren nicht gelten „Forderungen, Urheber- und ähnliche Rechte, Wertpapiere, Wechsel, Schecks, Banknoten, Papiergeld, Geldsorten und amtliche Wertzeichen, auch nicht Grundstücke und den Grundstücken gleichgestellte Rechte" ist zur begrifflichen Umgrenzung nicht geeignet, da die Aufzählung teils Gegenstände umfaßt, die schon begrifflich nicht Waren sind (Forderungen, Urheber- und ähnliche Rechte, Grundstücke), teils solche, die nur kraft positiv.r Bestimmung nicht als Waren „gelten" (amtliche Wertzeichen). Im allgemeinen wird man nicht fehlgehen, wenn man den handelsrechtlichen Begriff der Ware = beweglicher körperlicher Gegenstand des Handelsverkehrs[1]) auch für das Steuerrecht als maßgebend ansieht. Es scheiden deshalb alle Arten von Rechten schlechthin aus.

Der steuerpflichtige Vorgang ist die Zahlung für die Warenlieferung, welche in der zwecks Erfüllung eines entgeltlichen Warenumsatzgeschäfts erfolgenden Übergabe besteht. Den Warenlieferungen stehen gleich Lieferungen aus Werkverträgen, wenn der Unternehmer das Werk aus von ihm zu beschaffenden Stoffen herzustellen hat und

---

[1]) Vgl. RGZ. 74, 162.

es sich hierbei nicht bloß um Zutaten oder Nebensachen handelt. Man wird hierbei folgende Fälle zu unterscheiden haben. Handelt es sich um einen Werkvertrag, welcher nicht die Herstellung oder Veränderung von Sachen, sondern einen anderen durch Arbeit oder Dienstleistung herbeizuführenden Erfolg (§ 631 BGB.) zum Gegenstande hat, so kommen Lieferungen und Verbrauch von Stoffen bei der Arbeitsleistung für die Steuerpflicht nicht in Betracht. Bildet dagegen die Herstellung, Umänderung oder Ausbesserung von Sachen Gegenstand des Vertrags, so fragt es sich, ob der Unternehmer oder der Besteller den Stoff liefert. Ist letzteres der Fall, so entfällt die Steuerpflicht; dagegen tritt in ersterem Falle Steuerpflicht ein, sofern der Unternehmer nicht nur Zutaten oder Nebensachen beschafft. Bei der Entscheidung, ob Zutaten oder Nebensachen in Frage kommen, ist zu vergleichen das vom Unternehmer Beschaffte mit seiner gesamten Arbeitsleistung, also mit dem von ihm hergestellten Werk.

In zahlreichen Fällen werden neben der geschuldeten Warenlieferung oder Lieferung aus Werkvertrag andere Leistungen auf Grund einheitlichen Vertrags geschuldet. Steht in solchem Falle die Warenlieferung oder die ihr gleichstehende Werklieferung zu der sonstigen Vertragsleistung im Verhältnis der Nebenleistung zur Hauptleistung, so bleibt sie für die Erhebung des Umsatzstempels außer Betracht. Deshalb scheidet z. B. für die Besteuerung aus die Lieferung von Leitungswasser, heißem Wasser, elektrischem Strom seitens des Vermieters einer Wohnung an den Mieter. Bildet umgekehrt die Waren- oder Werklieferung die Hauptleistung, mit der eine andere Leistung nur als Nebenleistung verbunden ist (z. B. Lieferung von Nahrungs- und Genußmitteln in Wirtschaften unter Darbietung musikalischer Veranstaltungen), so ist regelmäßig der Gesamtbetrag der Zahlung zu versteuern, es sei denn, daß eine besondere Vergütung für die Haupt- und für die Nebenleistung vereinbart ist. Stehen schließlich die Waren- (Werk-) Lieferung und die andere Leistung gleichwertig nebeneinander, ohne daß eine von ihnen als Hauptleistung anzusehen ist (z. B. Beköstigung und Beherbergung von Sommergästen zu einheitlichem Pensionspreis), so ist der Steuerpflichtige berechtigt, einen angemessenen Betrag als Entgelt für die neben der Waren- (Werk-) Lieferung gewährte Leistung in Abzug zu bringen. Die Entscheidung, ob eine Leistung Haupt- oder Nebenleistung ist, ist nach allgemeinen wirtschaftlichen Gesichtspunkten zu treffen ohne Rücksicht darauf, welche Bedeutung die eine oder andere Vertragspartei gerade dieser Leistung für ihre Zwecke beimißt. Im allgemeinen wird eine Leistung dann als nebensächlich anzusehen sein, wenn der ihr entsprechende Teil des Entgelts verhältnismäßig gering ist. Scharf zu trennen von diesen gemischten Verträgen ist der Fall der reinen Lieferung aus Werkvertrag; bei dieser ist der Gesamtbetrag der Zahlung für die Herstellung des Werkes auch dann der Steuerberechnung zugrunde zu legen, wenn für den zu beschaffenden Stoff und für die Arbeit besondere Preise vereinbart sind, denn die gesamte Leistung des Unternehmers ist als Warenlieferung im Sinne des Gesetzes anzusehen.

Grundsätzlich ist als Entgelt für die Waren oder Werklieferung stets die Gesamtheit der Leistungen zu versteuern, die der Empfänger als Äquivalent für die Lieferung zu bewirken verpflichtet ist. Ist die Warenumschließung in den Preis eingerechnet, so kann ein Abzug für sie auch dann nicht gemacht werden, wenn der Lieferer sich verpflichtet hat, die Umschließung gegen Gewährung einer bestimmten Vergütung zurückzunehmen. Ist dagegen, wie häufig bei der Mitlieferung von Säcken, vereinbart, daß entweder die Umhüllung zurückzusenden oder ein dafür festgesetztes Entgelt zu entrichten ist, so kommt die Zahlung für die Umhüllung für die Steuerpflicht erst dann in Betracht, wenn von der Befugnis zur Rücklieferung kein Gebrauch gemacht wird. Als Bezahlung der Lieferung gilt jede Leistung des Gegenwerts, auch wenn sie nicht durch Barzahlung erfolgt.

Über die Verpflichtung zur Entrichtung der Abgabe findet der Rechtsweg statt, der nur insofern eingeschränkt ist, als bei Betrieben ohne geregelte Buchführung, deren Inhaber den von ihm geschätzten Gesamtbetrag der empfangenen Zahlungen angemeldet hat, im Falle einer anderweitigen Schätzung durch die Steuerbehörde gegen diese Schätzung nur die Verwaltungsbeschwerde zulässig ist.

Dem Fiskus gegenüber ist zwar der Empfänger der Zahlung der Steuerpflichtige, er kann aber die Steuer auf den Warenempfänger abwälzen. Falls für Lieferungen aus Verträgen, die vor dem 1. Oktober 1916 abgeschlossen sind, Zahlungen nach diesem Tage zu leisten sind, so ist kraft Gesetzes der Abnehmer mangels abweichender Vereinbarung verpflichtet, dem Lieferer einen Zuschlag zum Preise in Höhe der auf diese Zahlungen entfallenden Steuer zu leisten, ohne daß dieser Zuschlag einen Grund zur Vertragsaufhebung bietet. Die Möglichkeit der Abwälzung wird also dem Lieferanten auch für laufende Verträge gewährleistet.

Die Erhebung der Abgabe kann von der Landesregierung den Gemeindebehörden gegen Vergütung übertragen werden. Von dieser Befugnis ist in Preußen durch die Verordnung vom 9. Oktober 1916 (GS. S. 133) Gebrauch gemacht. Danach erfolgt die Erhebung und Verwaltung des Umsatzstempels in Stadtgemeinden regelmäßig durch den Gemeindevorstand, in Landgemeinden und Gutsbezirken regelmäßig durch den Kreisausschuß; in kleinen Stadtgemeinden kann der Kreisausschuß an Stelle des Gemeindevorstandes, in großen Landgemeinden der Gemeindevorstand an Stelle des Kreisausschusses treten. Von den eingehenden Beträgen erhält der Staat 2%, die Kreise und Gemeinden behalten 8%, der Rest fließt der Reichskasse zu.

Der Umsatzstempel bildet eine wichtige Ergänzung des Systems der Reichssteuern. Er ordnet sich ihm insofern gut ein, als er ohne direkte Besteuerung des Einkommens, die den einzelnen Bundesstaaten vorbehalten bleibt, denjenigen Teil des Einkommens, der verbraucht wird, proportional dem Verbrauch erfaßt, während das nicht verbrauchte Einkommen als Vermögenszuwachs der gleichfalls dem Reich zufließenden Besitzsteuer unterliegt. Allerdings trifft die Warenumsatzsteuer nicht nur die Lieferung an den Konsumenten, sondern auch die Lieferung an den Zwischenhändler; dieser wird aber regelmäßig in der Lage sein, die Steuer auf den Bezieher abzuwälzen. Daraus läßt sich also kein Grund gegen die Berechtigung der neuen Steuer herleiten. Der Steuersatz ist so gering bemessen, daß er eine merkbare Verteuerung der Ware für den Konsumenten selbst bei mehrfachem Umsatz kaum herbeiführt. Wenn das Gesetz neben dem zu erhoffenden reichlichen Ertrage für die Reichskasse noch die Wirkung haben sollte, unter Einschränkung des Zwischenhandels den Weg zwischen Erzeuger und Verbraucher abzukürzen, so wäre diese Nebenwirkung sicherlich sehr zu begrüßen. Zweifellos wird die neue Besteuerung zunächst bei der ungeheuren Vielgestaltigkeit des Warenverkehrs nicht unerhebliche Schwierigkeiten zu überwinden haben. Die dabei gewonnenen Erfahrungen werden bei dem späteren Ausbau des Umsatzstempels zu verwerten sein.

I. Gesetz über einen Warenumsatzstempel.

Vom 26. Juni 1916.

(RGBl. S. 639).

Wir Wilhelm, von Gottes Gnaden Deutscher Kaiser, König von Preußen usw.

verordnen im Namen des Reichs, nach erfolgter Zustimmung des Bundesrats und des Reichstags, was folgt:

Artikel I.

1. Die §§ 76 bis 83 und die Tarifnummer 10 des Reichsstempelgesetzes vom 3. Juli 1913 (Reichs-Gesetzbl. S. 639) werden aufgehoben.

Für die bei dem Inkrafttreten dieses Gesetzes in den Händen der Steuerpflichtigen vorhandenen ungebrauchten gestempelten Scheckvordrucke und Scheckstempelmarken wird nach näherer Bestimmung des Bundesrats Ersatz des Steuerwerts gewährt.[1])

2. Im § 111 Abs. 2 des Reichsstempelgesetzes wird die Zahl „81" gestrichen.[2])

3. § 116 Abs. 2 Satz 2 und § 117 Abs. 2 des Reichsstempelgesetzes werden gestrichen.[2])

Zu Art. I.

1. Mit dem 1. Oktober 1916 ist der bisherige Scheckstempel fortgefallen. Über den Ersatz des Steuerwerts der beim In-

krafttreten des Warenumsatzstempelgesetzes in den Händen der Steuerpflichtigen vorhandenen ungebrauchten gestempelten Scheckvordrucke und Scheckstempelmarken hat der Bundesrat laut Bekanntmachung des Reichskanzlers vom 8. September 1916 (RGBl. S. 247) folgende Bestimmungen getroffen.

„Gemäß Artikel I Nr. 1 Abs. 2 des Gesetzes vom 26. Juni 1916 über einen Warenumsatzstempel werden für den Ersatz des Steuerwerts der beim Inkrafttreten dieses Gesetzes in den Händen der Steuerpflichtigen vorhandenen ungebrauchten Scheckstempelmarken und gestempelten Scheckvordrucke folgende Bestimmungen getroffen:

A. 1. Ersatz wird nur geleistet, wenn er bis spätestens Ende März 1917 bei einer zuständigen Stelle beantragt wird. Später eingehende Anträge bleiben unberücksichtigt.

2. Der Antrag auf Ersatz des Steuerwerts von Marken ist schriftlich oder mündlich bei einer bisher zum Vertriebe von Scheckstempelmarken zuständigen Amtsstelle unter Überreichung der Marken zu stellen. Der Ersatz wird, nachdem die Stelle festgestellt hat, daß die Marken echt und ungebraucht sind, ohne weitere Anweisung in Höhe des Nennwerts der Marken geleistet. Die Amtsstelle kann verlangen, daß die Marken, soweit sie nicht in unangebrochenen Bogen zu 100 Stück vorgelegt werden, in Reihen von je 10 Stück unmittelbar nebeneinander und gegebenenfalls in Bogen von je 100 Stück zu je 10 solcher unmittelbar untereinandergeordneten Reihen auf Papierbogen aufgeklebt, überschießende Stücke aber lose überreicht werden, ferner daß jeder Papierbogen mit dem Firmenstempel oder dem Namen des Antragstellers gekennzeichnet werde.

Die gegen Ersatz des Steuerwerts zurückgenommenen und die bei den Amtsstellen vorhandenen Scheckstempelmarken sind bei den Amtsstellen in Gegenwart von zwei Beamten, von denen einer tunlichst ein oberer Beamter sein soll, zu vernichten, soweit sie nicht zur Verwendung als Wechselstempelmarken weiter vertrieben werden.

3. Die zu gestempelten Scheckvordrucken in teilweise oder gänzlich unverbrauchten Scheckbüchern entrichtete Abgabe wird nur auf schriftlichen Antrag derjenigen Bank, Kasse usw., welche das Scheckbuch hat abstempeln lassen, erstattet. Die Erstattung ist unter Vorlegung der Scheckbücher bei derjenigen Steuerstelle zu beantragen, bei welcher die Stempelabgabe entrichtet ist. Erstattung wird nur geleistet, wenn kein Zweifel darüber besteht, daß die Vordrucke einen echten Stempelaufdruck tragen und noch nicht gebraucht sind sowie daß die Abgabe von den abgestempelten Vordrucken entrichtet und noch nicht erstattet ist. Der Steuerstelle steht das Recht zu, die Vorlegung der Steuerquittung über die Entrichtung der Abgabe zu verlangen. In dem Antrag sind die überreichten Scheckbücher nach der Nummerfolge geordnet unter Angabe der Nummerbezeichnung, der in ihnen enthaltenen Zahl ungebrauchter Vordrucke und deren Steuerwerts aufzuführen. Mit Zustimmung der Steuerstelle kann von der Ordnung nach der Nummerfolge und Angabe der Nummerbezeichnung abgesehen werden, wenn die Bücher nach der Anzahl der in ihnen enthaltenen Vordrucke in Bündel geordnet vorgelegt und dementsprechend in dem Antrag unter Angabe ihrer Anzahl, der Stückzahl der Vordrucke und des Steuerwerts gesondert aufgeführt werden. Der Antrag ist von der Steuerstelle zu prüfen und nach Beseitigung etwaiger Anstände mit einer Bescheinigung darüber zu versehen, daß der Erstattung der Abgabe Bedenken nicht entgegenstehen und welcher Steuersumme die vorgelegten und nicht zu beanstandenden Vordrucke entsprechen. Diese Bescheinigung ist von dem Kassenprüfungsbeamten oder von einem mit der Kassenführung nicht betrauten oberen Beamten mitzuvollziehen.

Der so begutachtete Erstattungsantrag ist ohne die Scheckbücher an die für die Erstattung von Scheckstempel bisher zuständige Direktivbehörde weiterzugeben. Die obersten Landesfinanzbehörden können die Entscheidung über den Antrag auf Behörden übertragen, die den Direktivbehörden untergeordnet sind. Der Antrag ist nach den allgemeinen Bestimmungen über Stempelerstattungen weiterzubehandeln. Die Erstattung ist von einem Mindestbetrage des Steuerwerts der eingelieferten Vordrucke nicht abhängig.

Die Scheckbücher können nach Ersatz des Steuerwerts auf Antrag zurückgegeben werden, nachdem die Stempelerstattung auf jedem einzelnen Vordruck handschriftlich oder durch Aufdruck, Stanzung, Lochung usw. gegebenenfalls auf Kosten und Gefahr des Antragstellers derart erkennbar gemacht ist, daß eine wiederholte Erstattung der Stempelabgabe ausgeschlossen wird. Anilinfarbenaufdrucke dürfen zu dem bezeichneten Zwecke nicht verwendet werden.

Soweit eine Rückgabe der Scheckbücher nicht stattfindet, sind die Bücher, nachdem die Vordrucke durch Zerschneiden oder dergleichen unverwendbar gemacht sind, einzustampfen oder sonst zu vernichten.

Die vorstehenden Bestimmungen finden auf von den Banken, Kassen usw. lose eingereichte gestempelte ungebrauchte Vordrucke entsprechende Anwendung.

B. Für die nach den Bestimmungen unter A 2 vernichteten Stempelmarken werden den Landesregierungen die an die Reichsdruckerei entrichteten Herstellungskosten vom Reiche vergütet.

Die Herstellungskosten sind in Anlage 7 zu den vierteljährlichen Reichssteuerübersichten zu berechnen und in letzteren als besondere Verwaltungskosten, getrennt von den gewöhnlichen, in Ansatz zu bringen."

Nach der vorgenannten Bekanntmachung des Reichskanzlers sind vorstehende Bestimmungen mit dem 1. Oktober 1916 in Kraft getreten, es ist jedoch gestattet, Anträgen auf Stempelerstattung nach Maßgabe dieser Bestimmungen auch bereits vor dem 1. Oktober 1916 Folge zu geben; ferner dürfen nach dem 30. Sept. 1916 Scheckstempelmarken zur Entrichtung des Wechselstempels verwendet werden. Die Verwendung und Entwertung der Marken hat nach den für die Verwendung und Entwertung der Wechselstempelmarken bestehenden Vorschriften zu erfolgen. Der Verwendungsvermerk kann an einer beliebigen Stelle der Marken niedergeschrieben werden.

2. Der Text der §§ 111, 116 und 117 ist unten abgedruckt unter II (Allgemeine Bestimmungen).

Artikel II.

Im Tarif zum Reichsstempelgesetze werden hinter Nr. 9 folgende Vorschriften eingestellt:

1	2	3				4
Nr.	Gegenstand der Besteuerung	Steuersatz				Berechnung der Stempelabgabe
		vom Hundert	vom Tausend	ℳ	Pf.	
	Warenumsätze.					
0.	Anmeldungen[1]) der Gewerbetreibenden[2]) (§ 76) über bezahlte[3]) Warenlieferungen[4])		1			des Gesamtbetrags der Zahlungen in Abstufungen von 10 Pfennig für je volle 100 Mark.[5]) Ausländische Werte sind nach den Vorschriften über die Erhebung
	Zusätze. 1. Als Bezahlung der Lieferung gilt jede Leistung des Gegenwerts,[7]) auch wenn sie nicht durch Barzahlung erfolgt.[8]) Bei Tauschgeschäften[9]) gilt jede der beiden Leistungen als Bezahlung der anderen. 2. Als Warenlieferung gilt die entgeltliche Übertragung be-					

1	2	3				4
Nr.	Gegenstand der Besteuerung	Steuersatz vom Hundert	vom Tausend	ℳ	Pf.	Berechnung der Stempelabgabe
(10)	weglicher Sachen auch dann, wenn sie ohne vorgängige Bestellung erfolgt.[10]) Als Warenlieferung gilt auch die Lieferung von Gas, elektrischem Strome und Leitungswasser.[11]) Als Waren gelten nicht Forderungen, Urheber- und ähnliche Rechte, Wertpapiere, Wechsel, Schecks, Banknoten, Papiergeld, Geldsorten und amtliche Wertzeichen, auch nicht Grundstücke und den Grundstücken gleich gestellte Rechte.[12]) 3.[13]) Den Warenlieferungen stehen Lieferungen aus Werkverträgen gleich,[14]) wenn der Unternehmer das Werk aus von ihm zu beschaffenden Stoffen herzustellen verpflichtet ist und es sich hierbei nicht bloß um Zutaten oder Nebensachen[15]) handelt. 4. Wird bei Abwicklung mehrerer Kauf- oder Anschaffungsgeschäfte, die zwischen verschiedenen Personen über die-					des Wechselstempels umzurechnen.[6])

1	2	3				4
Nr.	Gegenstand der Besteuerung	Steuersatz				Berechnung der Stempelabgabe
		vom Hundert	vom Tausend	ℳ	Pf.	
(10)	selben Waren oder über Waren gleicher Art abgeschlossen sind, die Ware nur einmal in Natur übertragen, so gilt dies nur als Warenlieferung desjenigen, der die Ware in Natur überträgt.[16]) 5. Wird die Ware durch Konnossement, Ladeschein oder Lagerschein übertragen, so gilt nur die Übertragung durch den ersten inländischen Inhaber des Papiers als Warenlieferung.[17]) Befreit sind 1. Lieferungen von Gold in Barren;[18]) 2.[19]) Lieferungen von ausländischen zollpflichtigen Waren aus dem Zollausland oder aus dem gebundenen Verkehre[20]) des Zollinlandes sowie von ausländischen zollfreien Waren nach näherer Bestimmung des Bundesrats;					

1	2	3				4
Nr.	Gegenstand der Besteuerung	Steuersatz				Berechnung der Stempelabgabe
		vom Hundert	vom Tausend	ℳ	Pf.	
(10)	3. Lieferungen im Inland bezogener Waren in das Ausland; [21]) 4. Lieferungen von Gas, elektrischem Strome und Leitungswasser durch Reich, Staaten, Gemeinden oder Gemeindeverbände.[22])					

Zu Art. II.

1. Zu den Anmeldungen sind amtliche Vordrucke zu verwenden (vgl. AB. § 160, abgedruckt unter III).

2. Über den Begriff des Gewerbetreibenden vgl. A. 2 zu § 76.

3. Der Gewerbetreibende hat die Wahl, ob er der Anmeldung die während des Steuerzeitraums empfangenen Zahlungen für Warenlieferungen oder ohne Rücksicht auf die Bezahlung das vereinbarte Gesamtentgelt für die während eines Steuerzeitraums erfolgten Lieferungen der Anmeldung zugrunde legen will; vgl. § 81. Über den Begriff der Bezahlung vgl. unten A. 8.

4. **„Warenlieferungen".**

I. Eine Begriffsbestimmung der **Ware** gibt das Gesetz nicht. Nach bürgerlichem und nach Handelsrecht sowie nach der Auffassung des Verkehrs sind unter Waren bewegliche körperliche Sachen (individuelle oder Gattungssachen) des Handelsverkehrs zu verstehen (RGZ. 74, 162). Von dieser Auffassung ist auch für das Steuergesetz auszugehen.

a) Allgemein gehören also Rechte nicht zu den Waren. Die Bestimmung im Zusatz 2 zur Tarifnummer 10, wonach gewisse

Rechte, nämlich Forderungen, Urheber- und ähnliche Rechte, nicht als Waren gelten sollen, darf nicht zu der Annahme verleiten, daß alle anderen Rechte Waren seien; die Hervorhebung einiger hauptsächlich in Betracht kommenden Rechte ist an dieser Stelle nur als Aufzählung von Beispielen aufzufassen. Anteilsrechte an einer offenen Handelsgesellschaft, Geschäftsanteile einer Gesellschaft mit beschränkter Haftung, Aktienbezugsrechte eines Aktionärs, Schiffsparten (ideelle Anteile an einem zum Erwerb durch Seefahrt bestimmten Schiffe — § 474 HGB.), Rechte aus einem Vertragsangebot sind keine Waren. Auch der Anteil eines Miterben am ungeteilten Nachlaß ist keine Ware; denn die Gemeinschaft der Erben ist eine Gemeinschaft zur gesamten Hand, wobei Bruchteile der Miterben an den einzelnen Nachlaßgegenständen ausgeschlossen sind (§ 2033 BGB.); der Nachlaßanteil stellt also nur die anteilsmäßige Berechtigung an der Gemeinschaft zur gesamten Hand dar. Beim Verkauf einer Erbschaft im ganzen kommt es auf die Natur der einzelnen Nachlaßstücke an, denn der Erbschaftskauf hat nicht das Erbrecht als solches, sondern die einzelnen Nachlaßstücke zum Gegenstand. Keine Waren sind ferner gewisse Güter, die weder körperliche Sachen noch Rechte sind, z. B. die Kundschaft eines Handelsgewerbes, eine ärztliche Praxis. Ebensowenig wie die Forderungen sind die Urkunden, welche nur als Beweismittel für die Geltendmachung von Forderungsrechten dienen und für den Rechtsverkehr keine selbständige Bedeutung haben, als Waren anzusehen. Es scheiden also aus Schuldscheine, Sparkassenbücher, Hypothekenbriefe, Fahrkarten, Eintrittskarten, Lotterielose. Auch die von Gewerbetreibenden häufig ausgegebenen Rabattsparmarken, welche zum Beweise eines Anspruchs des Käufers auf Gewährung eines Rabatts beim nächsten Einkauf oder auch auf Auszahlung des Rabattbetrags in bar dienen sollen, sind keine Waren.

b) Wertpapiere, Wechsel, Schecks, Banknoten, Papiergeld und Geldsorten sind durch ausdrückliche Vorschrift im Zusatz 2 von den Waren ausgeschlossen, ebenso amtliche Wertzeichen, z. B. Briefmarken, Stempelmarken, Gerichtskostenmarken. Die Ausnahmevorschrift, daß amtliche Wertzeichen nicht als Waren gelten, ist auf den Fall zu beschränken, daß die amtlichen Wertzeichen als solche umgesetzt werden, so daß eine steuerpflichtige Warenlieferung vorliegt, wenn der Drucker die Wertzeichen, deren Herstellung ihm übertragen ist, liefert oder wenn außer Gebrauch gesetzte, entwertete oder sonst zu Sammelzwecken dienende Wertzeichen, z. B. noch nicht entwertete ausländische Briefmarken, umgesetzt werden.

c) Die möglichen Zweifel, ob Grundstücke Waren sind, sind durch den Zusatz 2 abgeschnitten. Den Grundstücken gleichgestellt sind die Berechtigungen, für welche die sich auf Grundstücke beziehenden Vorschriften des Bürgerlichen Gesetzbuchs gelten. Nach Reichsrecht sind dies das Erbbaurecht (§ 1017 BGB.) sowie die in Art. 63 und 68 EGBGB. behandelten Rechte (Erbpachtrecht, Abbaurecht hinsichtlich nicht bergrechtlicher Mineralien). Ferner kommen die in Art. 67, 74, 196 EGBGB. bezeichneten Rechte in Betracht, wenn sie nach Landesrecht die Eigenschaft unbeweglicher Sachen haben. Für Preußen bestimmt Art. 40 AGBGB., daß für selbständige Gerechtigkeiten die sich auf Grundstücke beziehenden Vorschriften des BGB. gelten, wenn die Gerechtigkeit ein Grundbuchblatt erhalten hat. Bewegliche Sachen, die als Zubehör eines Grundstücks veräußert werden, verlieren dadurch nicht die Eigenschaft einer Ware; ist also nicht bereits im Vertrage ein besonderer Preis für den beweglichen Beilaß angegeben, so muß noch bei der Zahlung eine Trennung des Entgelts für die beweglichen Sachen erfolgen (Lindemann, JW. 1916 S. 1063).

See- und Binnenschiffe sind bewegliche Sachen und deshalb Waren.

II. Nicht erforderlich ist, daß die Ware bereits vor ihrer Lieferung als selbständige bewegliche Sache vorhanden ist; z. B. fällt die Veräußerung von Schafwolle vor der Schur unter das Gesetz.

a) Werden mit einem Grundstück verbundene Sachen als bewegliche Sachen veräußert mit der Befugnis für den Erwerber, sie zu trennen und sich anzueignen, z. W. Holz auf dem Stamm, ungeerntete Bodenfrüchte, Baulichkeiten auf Abbruch (vgl. RGZ. 62, 135), Kies aus einer Kiesgrube, Eis auf einem Gewässer, so liegen Geschäfte über Lieferung künftiger beweglicher Sachen vor, die der Besteuerung unterliegen. Indessen ist stets zu prüfen, ob nicht etwa ein Pachtvertrag vorliegt, vermöge dessen der Verpächter verpflichtet ist, dem Pächter den Gebrauch des Grundstücks und den Genuß der Früchte zu gewähren; falls ein Pachtvertrag vorliegt, entfällt die Steuerpflicht. Für die Entscheidung, ob Warenlieferung oder Pacht anzunehmen ist, kommt es natürlich auf die Bezeichnung, welche die Vertragschließenden dem Geschäft geben, nicht an. Pacht wird regelmäßig anzunehmen sein, wenn dem Erwerber der unmittelbare Besitz und der Gebrauch der auszubeutenden Sache überlassen ist (RGZ. 26, 218). Der Annahme eines Pachtvertrags steht nicht entgegen, daß der Berechtigte auf eine bestimmte Art der Ausbeute und die durch diesen Zweck bestimmte Art des Gebrauchs des Grundstücks beschränkt ist (RG. in JW. 1909 S. 451).

b) Besonders hervorgehoben ist im Gesetz (Zusatz 2), daß auch die Lieferung von Gas, elektrischem Strom und Leitungswasser als Warenlieferung gilt. Auch andere flüssige oder gasförmige Stoffe außer Leitungswasser und Leuchtgas (dies ist mit dem Worte Gas gemeint) sind Waren ohne Rücksicht darauf, ob die Lieferung in abgeschlossenen Umhüllungen oder durch dauernde Zuleitung erfolgt, z. B. Sole, Wasserdampf, Druckluft. Zu beachten ist indessen, namentlich in den Fällen der Zuleitung von Wasserdampf oder elektrischer Kraft, daß nur dann eine Lieferung vorliegt, wenn der Dampf und der elektrische Strom als solche zur Verfügung gestellt werden, nicht aber, wenn lediglich ein mittels des Wasserdampfs oder der elektrischen Kraft zu erzielender Erfolg, z. B. die Erwärmung, Beleuchtung eines Gebäudes, Gegenstand des Vertrages ist.

c) Warenlieferung ist auch die Lieferung von Zeitungen, Zeitschriften und Zeitungskorrespondenzen, gleichviel ob die Lieferung durch Zeitungsspediteure oder die Post erfolgt. Desgleichen fällt darunter die Anfertigung von Plakaten auf Bestellung und Veranstaltung ihres öffentlichen Anschlags oder Aushangs. Der öffentliche Anschlag oder Aushang ist in solchen Fällen als

Lieferung anzusehen, da vermöge des zwischen Besteller und Anfertiger bestehenden Rechtsverhältnisses der erstere den mittelbaren Besitz an den Plakaten erlangt (vgl. IIIb dieser A. und Auslegungsgrundsatz II Abs. 4 — abgedruckt unter IV).

Bildet aber lediglich die Veröffentlichung einer Anzeige in einer Zeitung oder Zeitschrift den Inhalt des Vertrags, so kommt er für die Steuerpflicht nicht in Betracht, da in solchem Falle nichts geliefert wird.

d) Die Lieferung von Photographien und sonstigen Vervielfältigungen wird regelmäßig Warenlieferung sein (meine abweichende Ansicht JW. 1916 S. 1064 gebe ich auf). Dem Umstand, daß die photographische Platte, deren Herstellung der Herstellung der Photographien vorhergehen muß, regelmäßig dem Lieferanten verbleibt, ist ausschlaggebendes Gewicht nicht beizulegen. Es handelt sich dabei nur um den zur Herstellung der zu liefernden Ware nötigen Verbrauch von Stoffen durch den Lieferanten, der das Wesen des auf die Lieferung von Waren gerichteten Vertragsverhältnisses nicht berührt. Unter Umständen werden allerdings die Vervielfältigungen, z. B. Radierungen, als Kunstwerke anzusehen sein; dann wird entsprechend dem unten in A. 15 Erörterten die Steuerpflicht entfallen. Denn bei dem auf Lieferung eines Kunstwerks gerichteten Vertrage ist für den Charakter der Lieferung entscheidend, daß das künstlerische Schaffen an Bedeutung so sehr überwiegt, daß der Stoff, aus dem das Kunstwerk besteht, gegenüber der Gesamtleistung des Künstlers nur als Nebensache erscheint.

III. Unter **Lieferung** ist die zur Erfüllung eines entgeltlichen Warenumsatzgeschäfts erfolgende Übergabe der Ware zu verstehen.

a) Es muß sich um die Erfüllung eines entgeltlichen Warenumsatzgeschäfts, worunter nicht etwa bloß der Kauf zu verstehen ist, handeln, bei dem die Lieferung an den Empfänger das wirtschaftliche Endresultat ist (KommBer. S. 16). Es scheiden also aus alle Lieferungen im Vorschuß- oder Darlehnsverkehr (Lombard- und Diskontgeschäfte). Ein Warenumsatzgeschäft kann nur zwischen mehreren Rechtssubjekten vorgenommen werden; als solche sind die verschiedenen stationes fisci, die einzelnen Dienststellen einer Gemeinde nicht anzusehen. Es bleiben also z. B. Lieferungen von Kohlen durch ein staatliches Bergwerk an die Eisenbahnverwaltung des gleichen Staates, die Lieferung von Koks durch das Gaswerk einer Gemeinde an das Krankenhaus der gleichen Gemeinde steuerfrei.

Bei den Geschäften eines Kommissionärs (§§ 383, 406 HGB.) findet ein doppelter Warenumsatz gegen Entgelt statt, nämlich sowohl zwischen dem Kommittenten und dem Kommissionär, wie zwischen diesem und dem Dritten. Denn der Kommissionär tritt nicht bloß als Vermittler auf, sondern handelt in eigenem Namen, so daß dem Dritten das Kommissionsverhältnis gar nicht bekannt zu sein braucht (vgl. auch § 19 Abs. 3 RStG.). Für die Besteuerung ist indessen zu unterscheiden, ob der Kommissionär die Ware in Natur übertragen erhält (vgl. A. 16) und sie bei der Einkaufskommission an den Kommittenten, bei der Verkaufskommission an den Dritten weiter übergibt oder ob dem Kommissionär eine solche Verfügungsgewalt über die Ware nicht eingeräumt wird. Ist ersteres der Fall, so sind sowohl die Zahlungen zwischen dem Kommittenten und Kommissionär wie diejenigen zwischen dem Kommissionär und dem Dritten als Zahlungen für Warenlieferungen zu versteuern. Hat dagegen der Kommissionär die Ware nicht in Natur erhalten, beschränkt er sich vielmehr darauf, bei der Einkaufskommission den Dritten zu ersuchen, unmittelbar an den Kommittenten zu liefern, bei der Verkaufskommission dem Kommittenten den Auftrag zu übermitteln, unmittelbar an den Dritten zu liefern, so kommen die Zahlungen zwischen Kommittenten und Kommissionär für die Besteuerung nicht in Betracht; nur derjenige, welcher die Ware in Natur überträgt, unterliegt der Besteuerung (vgl. Zusatz 4). Es ist also im Falle der Einkaufskommission der vom Kommissionär gezahlte Preis, im Falle der Verkaufskommission der beim Kommittenten eingegangene Erlös der Versteuerung zugrunde zu legen (vgl. A. 16).

Entsprechend ist die Frage zu beantworten, ob zwischen Ein- und Verkaufsvereinigungen mit eigener Rechtspersönlichkeit (Konsum-, **Absatzgenossenschaften, Syndikaten**), welche die Lieferungsverträge mit Dritten im eigenen Namen abschließen, im Geschäftsverkehr mit ihren Mitgliedern aber keinen Gewinn erzielen, sondern lediglich ihre Verwaltungskosten decken, und ihren Mitgliedern steuerpflichtige Warenumsatzgeschäfte vorliegen. Dies ist nur dann der Fall, wenn die Waren der Vereinigung in Natur zugeführt und demnächst von ihr weitervertrieben werden. Der Bundesrat hat davon abgesehen, über die Erhebung der Abgabe bei Warenumsätzen, die durch Vermittlung von Verkaufsvereinigungen (Syndikaten) getätigt werden, Grundsätze aufzustellen, weil bei der Verschiedenheit der Verhältnisse die Entscheidung nur von Fall zu Fall getroffen werden könne, und sich auf die Feststellung beschränkt, daß im allgemeinen die über die Behandlung des Kommissionsgeschäfts aufgestellten Grundsätze entsprechende Anwendung zu finden haben (vgl. unten IV).

b) Zur **Übergabe** gehört, daß der Veräußerer die tatsächliche Gewalt über die Ware zugunsten des Erwerbers aufgibt und dieser mit dem Willen des Veräußerers den Besitz daran erlangt. Die Übergabe kann nicht bloß durch körperliche Hingabe, sondern auch durch sog. symbolische oder fingierte Tradition, z. B. durch Übergabe von Schlüsseln, geschehen. Bei Seeschiffen genügt als Übergabe die zwischen dem Veräußerer und dem Erwerber getroffene Vereinbarung, daß das Eigentum sofort auf den Erwerber übergehen soll (§ 474 HGB.). Werden Erzeugnisse oder sonstige Bestandteile eines Grundstücks als bewegliche Sachen veräußert (vgl. oben II a), so erfolgt die Lieferung regelmäßig im Augenblick der Besitzergreifung durch den Aneignungsberechtigten.

Der tatsächlichen Besitzübergabe stehen deren im bürgerlichen Recht vorgesehene Ersatzmittel gleich (**Ersatzübergabe**). Ist also der Erwerber bereits im Besitz der Sache, so steht der Übergabe die Einigung gleich, daß das Eigentum übergehen soll (§ 929 Satz 2 BGB. — brevi manu traditio). Ist der Veräußerer im Besitz der Ware, sei es auch nur im mittelbaren Besitz nach § 868 BGB., so kann die Übergabe dadurch bewirkt werden, daß zwischen dem Veräußerer und dem Erwerber ein Rechtsverhältnis vereinbart wird, vermöge dessen der Erwerber den mittelbaren Besitz erlangt (§ 930 BGB. — constitutum posessorium). Es kann z. B. der Veräußerer eines Klaviers die Übergabe an den Erwerber durch die Vereinbarung ersetzen, das Klavier noch als Mieter zu behalten, oder es kann A, der eine Ware dem L in Verwahrung gegeben hat, die Ware dadurch dem B übergeben, daß er mit ihm einen Verwahrungsvertrag schließt, vermöge dessen A im Verhältnis zu B nur mehr Verwahrer der bei L lagernden Ware ist. Ist schließlich die im Eigentum des Veräußerers stehende Ware im Besitz eines Dritten, so kann die Übergabe dadurch bewirkt werden, daß der Veräußerer dem Erwerber den Anspruch auf Herausgabe der Sache abtritt (§ 931 HGB.). Dieses Ersatzmittel der Übergabe ist aber nur möglich, wenn, wie hervorgehoben, der Veräußerer Eigentümer der Ware ist; denn unter dem Herausgabeanspruch im Sinne des § 931 BGB. ist nur der dingliche Anspruch des Eigentümers zu verstehen, der ihm das Recht gewährt, die Sache in Besitz zu nehmen und in seine Verfügungsgewalt zu bringen (RGZ. 69, 43). Hiervon abgesehen, wird es einer Prüfung der Eigentumsverhältnisse und der Frage, ob der Erwerber durch die Übergabe Eigentum erlangt hat oder nicht, regelmäßig nicht bedürfen. Insbesondere ist der Umstand, daß sich der Veräußerer das Eigentum an der gelieferten Ware vorbehalten hat, für die Frage, ob eine Warenlieferung vorliegt, bedeutungslos.

Auch in der Lieferung beweglicher Sachen, die als Zubehör eines Grundstücks veräußert werden, z. B. des Inventars eines Landguts, ist eine Warenlieferung zu erblicken (vgl. oben I c); die Lieferung ist in solchen Fällen entweder mit der Auflassung des Grundstücks oder mit der früher erfolgenden Übergabe bewirkt.

Eine Sicherungsübereignung unterliegt der Versteuerung, wenn ein Entgelt (vgl. unten A. 8) für die Übereignung gewährt ist. An sich liegt in der zu Sicherungszwecken erfolgenden Übereignung unzweifelhaft eine Lieferung; der Sicherungszweck tritt dabei äußerlich entweder überhaupt nicht oder nur dadurch in die Erscheinung, daß die Übereignung auflösend bedingt oder der Empfänger verpflichtet ist, die empfangene Ware unter bestimmten Voraussetzungen zurückzuübereignen; dadurch wird keinesfalls die Tatsache beseitigt, daß bereits in der Übereignung ein Warenumsatzgeschäft liegt. Die Bemerkung des Referenten der Reichstagskommission (KommBer. S. 16), daß Sicherungsübereignungen überhaupt nicht vom Gesetz getroffen werden, ist deshalb nicht zutreffend. Die Gewährung eines Entgelts für die Sicherungsübereignung liegt insbesondere in der Abmachung, daß, wenn die gesicherte Forderung bei Fälligkeit nicht bezahlt wird, die übereignete Sache dem Gläubiger endgültig verfallen soll; tritt dieser Fall ein, so ist der Forderungsbetrag als Kaufpreis anzusehen, der durch Aufrechnung getilgt wird (RGZ. 83, 50). Ebenso wird ein Entgelt gewährt, wenn der Gläubiger von der ihm eingeräumten Befugnis Gebrauch machte, die übereignete Sache für Rechnung des Schuldners zu veräußern und sich aus dem Erlös zu befriedigen.

Über Übertragung einer Ware durch Konnossement, Ladeschein, Lagerschein vgl. unten A. 17.

Die entgeltliche Übertragung beweglicher Sachen bleibt natürlich Warenlieferung, auch wenn sie ohne vorgängige Bestellung erfolgt ist (Zusatz 2 Satz 1); Umsätze, die sich durch Zusendung unbestellter Waren und deren stillschweigende Annahme durch Verbrauch vollziehen, sind also steuerpflichtig. Es kommt überhaupt darauf, ob zwischen dem Liefernden und dem Empfänger Vertragsbeziehungen bestehen, nicht an; der Liefernde ist auch dann steuerpflichtig, wenn er auf Bestellung eines anderen an einen Dritten liefert, der gänzlich außerhalb des Vertragsverhältnisses zwischen dem Besteller und dem Liefernden steht (KommBer. S. 11).

Nicht erforderlich ist, daß stets ein Lieferungsgeschäft im eigentlichen Sinne vorliegt; auch die Übertragung von Waren im Barverkauf in offenen Ladengeschäften Zug um Zug gegen Bezahlung ist Warenlieferung. Der Umstand, daß die Annahme einer übergebenen Ware mit ihrem Verbrauche zusammenfällt, ändert die steuerliche Bedeutung des Umsatzes nicht. Warenlieferung ist also die Verabreichung von Nahrungs- und Genußmitteln in Gast- und Schankwirtschaften, Speisewirtschaften, Kaffee- und Pensionshäusern. Auch der Warenvertrieb durch Automaten gehört hierher.

Dagegen ist keine Warenlieferung im Sinne des Gesetzes die Verabfolgung von Nahrungs- und Genußmitteln im eigenen Haushalt, z. B. auf Grund eines Arbeits-, Dienst- oder Lehrvertrags als Teil des geschuldeten Lohns oder seitens eines Altenteilsverpflichteten an den Altsitzer, weil dem Empfänger keine Verfügungsgewalt eingeräumt wird. Die Deputatleistungen an ländliche Arbeiter, die Abgabe von Hausbrandkohlen durch Zechen an Bergarbeiter sind aber steuerpflichtige Warenumsatzgeschäfte. Die Verabreichung von Bädern in einer Badeanstalt ist keine Warenlieferung, weil hierbei auf Grund eines mietähnlichen Verhältnisses lediglich die Benutzung von Einrichtungen gegen Entgelt gestattet wird, wobei es unerheblich ist, daß die Benutzung einen teilweisen Verbrauch in sich schließt; dagegen ist die Lieferung von Bädern durch Zufuhr ins Haus Warenlieferung.

Keine Warenlieferung ist die Versteigerung gepfändeter Sachen in einem Zwangsvollstreckungsverfahren. Die Zahlungen an den Versteigerungsbeamten sind in solchem Falle nach § 83a Abs. 2 Satz 2 befreit; seitens des Zwangsvollstreckungsschuldners liegt keine Warenlieferung vor, weil weder er selbst noch der Versteigerungsbeamte als sein Vertreter die Ware überträgt, sie wird vielmehr dem Schuldner durch staatlichen Hoheitsakt entzogen. Dagegen wird man in den zahlreichen Fällen, in denen auf Grund von Kriegsgesetzen oder -verordnungen Waren durch Behörden zwangsweise dem Eigentümer entzogen und entweder für seine Rechnung verkauft oder gegen Zahlung eines Übernahmepreises einem Dritten übertragen werden, steuerpflichtige Warenlieferungen anzunehmen haben, denn in solchen Fällen ist die behördliche Maßnahme nur dazu bestimmt, die freiwillige Übertragung durch den Eigentümer zu ersetzen.

IV. Im Verkehr sind Vertragsverhältnisse häufig, bei denen eine Vertragspartei mehrere ihrem Wesen nach das Kennzeichen bestimmter Vertragsarten bildende Leistungen nebeneinander und als zusammengehörend auf Grund eines einheitlichen Vertrages schuldet (gemischte Verträge). Befindet sich darunter eine Warenlieferung, so sind drei Fälle zu unterscheiden:

a) Die mit der **Warenlieferung** verbundene andere Leistung steht zu ihr im Verhältnis der Nebenleistung zur **Hauptleistung** (z. B. Verabreichung von Nahrungs- und Genußmitteln in Kaffeehäusern unter Auslegung von Zeitungen und Zeitschriften oder Darbietung musikalischer Veranstaltungen; Lieferung eines beim Antiquar gekauften Buches unter der von ihm übernommenen Verpflichtung, es zuvor reinigen und neu einbinden zu lassen; Lieferung eines Kraftwagens nebst Unterrichtserteilung im Fahren; Lieferung von Beleuchtungskörpern mit der Verpflichtung, sie anzubringen; Lieferung von Waren mit Sackmiete; Lieferung von Gas, elektrischem Strom oder Wasser unter mietweiser Überlassung von Meßapparaten oder Beleuchtungseinrichtungen). In solchem Falle ist der vereinbarte Gesamtbetrag der Zahlung der Steuerberechnung zugrunde zu legen, sofern nicht die Beteiligten eine besondere Vergütung für die Nebenleistung oder für die Warenlieferung ohne die Nebenleistung vereinbart haben. Eine solche Vereinbarung kann auch stillschweigend geschehen. Ein Fall solcher stillschweigenden Vereinbarung ist in den Auslegungsgrundsätzen des Bundesrats besonders hervorgehoben (vgl. unter IV Grundsatz V Abs. 1). Sind nämlich für eine Warenlieferung, je nachdem mit ihr die andere Leistung verbunden ist oder nicht, besondere Tarife festgesetzt, so gilt in Höhe des Unterschieds der Preise eine besondere Vergütung für die andere Leistung als vereinbart. Dies ist namentlich für die Verträge über Lieferung von Gas, elektrischem Strom oder Wasser von Bedeutung, bei denen verschiedene Tarife vorgesehen sind, je nachdem, ob dem Unternehmer Meßapparate usw. mietweise überlassen sind oder nicht.

b) Die **Warenlieferung** und die mit ihr verbundene andere **Leistung** stehen **gleichwertig** nebeneinander, ohne daß die eine oder die andere als Hauptleistung anzusehen ist (z. B. Beherbergung und Beköstigung von Hotel- oder Sommergästen zu einheitlichem Pensionssatz). Bei solcher Sachlage ist der Steuerpflichtige berechtigt, von dem Gesamtbetrage der Zahlung für beide Leistungen einen angemessenen Betrag als Entgelt für die nicht in Warenlieferung bestehende Leistung in Abzug zu bringen. Vorausgesetzt ist dabei natürlich, daß nach den Umständen des Falles auch die nicht in Warenlieferung bestehende Leistung nur gegen eine Vergütung zu erwarten war.

c) Die **Warenlieferung** bildet gegenüber der mit ihr verbundenen anderen Leistung die **Nebenleistung** derart, daß die Warenlieferung keine selbständige wirtschaftliche Bedeutung hat; dann bleibt sie für die Erhebung des Umsatzstempels außer Betracht. Hierher gehört z. B. die Lieferung von Leitungswasser oder elektrischem Strom durch den Vermieter einer Wohnung an den Mieter (vgl. RG. 6. 6. 16 ZBl. 1916 S. 151; 24. 10. 16 VII 192, 1916). Auch die Lieferung von Speisen und Getränken durch die Verwaltung eines Krankenhauses an die Pfleglinge wird man dahin zu rechnen haben, denn das Wesentliche des Krankenhausverpflegungsvertrags ist die Gewährung von Pflege und ärztlicher Hilfe, die Gewährung von Beköstigung dient nur diesem Hauptzweck.

5. Ein die vollen Hunderte überschreitender Restbetrag bleibt also für die Besteuerung außer Betracht.

6. Für die **Umrechnung** sind maßgebend § 4 des Wechselstempelgesetzes vom 15. Juli 1909 (RGBl. S. 825), welcher lautet:

„Die zum Zwecke der Berechnung der Abgabe vorzunehmende Umrechnung der in einer anderen als der Reichswährung ausgedrückten Summen erfolgt, soweit der Bundesrat nicht für gewisse Währungen allgemein zugrunde zu legende Mittelwerte festsetzt und bekannt macht, nach Maßgabe des laufenden Kurses"

und § 2 der Ausführungsbestimmungen zum Wechselstempelgesetz vom 15. Juli 1909 (RZBl. S. 402), welcher lautet:

„Behufs Umrechnung der in einer anderen als der Reichswährung ausgedrückten Summen sind für die nachstehenden Währungen die dabei bemerkten Mittelwerte allgemein zugrunde zu legen:

1 Pfund Sterling	= 20,40 ℳ
1 Frank, Lira, Peseta (Gold), Löu, finnische Mark	= 0,80 „
1 österreichischer Gulden (Gold)	= 2,00 „

1 österreichischer Gulden (Währung)	=	1,70 ℳ
1 österreichisch-ungarische Krone	=	0,85 „
1 Gulden holländischer Währung	=	1,70 „
1 skandinavische Krone	=	1,125 „
1 alter Goldrubel	=	3,20 „
1 Rubel 1 alter Kreditrubel }	=	2,16 „
1 türkischer Piaster	=	0,18 „
1 Peso (Gold)	=	4,00 „
1 Dollar	=	4,20 „
1 alter japanischer Goldyen	=	4,20 „
1 japanischer Yen	=	2,10 „
1 deutsch-ostafrikanische oder indische Rupie .	=	1,35 „
1 mexikanischer Golddollar	=	2,10 „ .

7. Als **Gegenwert** ist die Gesamtheit der Leistungen anzusehen, die der Empfänger der Lieferung zu ihrer Erlangung aufzuwenden hat. In dem für die Lieferung zu zahlenden Entgelt stecken häufig Beträge, die eine Vergütung für gewisse vom Veräußerer gemachte Aufwendungen darstellen. Hierbei sind folgende Fälle zu unterscheiden:

a) Der Veräußerer hat von der gelieferten Ware Zoll oder eine Verbrauchsabgabe entrichtet und verlangt deren Ersatz vom Empfänger der Lieferung. In diesem Falle ist der Betrag der Abgabe für die Steuerberechnung mitzurechnen, gleichviel, ob sie in den Lieferungspreis hineinkalkuliert oder besonders in Rechnung gestellt ist, denn es handelt sich um eine das Vermögen des Verkäufers belastende, zum Zwecke des Umsatzes der gelieferten Ware gemachte Aufwendung, für welche der Empfänger der Ware notwendig Ersatz durch das von ihm zu gewährende Entgelt bieten muß. Aus dem gleichen Grunde können auch Vermittlergebühren, die der Verkäufer aufgewendet hat und dem Käufer in Rechnung stellt, keinesfalls für die Steuerberechnung in Abzug gebracht werden. Das gleiche gilt für Fütterungskosten, Aufbewahrungskosten und sonstige Verwendungen, die der Veräußerer vor der Lieferung auf die veräußerte Ware gemacht hat (vgl. § 450 BGB.).

b) Wird die Ware frei von Kosten für Übersendung, Versicherung usw. geliefert (cif-Geschäfte), so bildet der Ersatz dieser Kosten einen Teil des Entgelts und ist wie dieser zu behandeln. Hat dagegen vertragsmäßig der Abnehmer diese Kosten zu tragen, so kommen sie auch dann für die Versteuerung nicht in Betracht, wenn der Lieferant sie vorschießt und dem Abnehmer in Rechnung stellt.

c) Ist die Warenumschließung in den Lieferungspreis eingerechnet (z. B. Weinflaschen, Kisten), so ist der auf sie entfallende Betrag stets mit zu versteuern, und zwar auch dann, wenn der Lieferer sich verpflichtet hat, die Umschließung gegen Gewährung einer bestimmten Vergütung zurückzunehmen. Die Umschließung ist in solchem Falle als mitverkauft anzusehen unter der Verpflichtung des Verkäufers, sie unter näher bestimmten Bedingungen zurückzukaufen.

d) Ist von vornherein dem Abnehmer ein Zahlungsziel gewährt und die Verzinsung der Schuld während dieses Zeitraums in den Preis eingerechnet, so ist der volle Lieferungspreis zu versteuern. Ist dem Abnehmer ein bestimmter Preis in Rechnung gestellt, jedoch die Gewährung eines Skontoabzugs bei Zahlung innerhalb bestimmter Frist zugestanden, so ist der wirklich gezahlte Preis maßgebend, also gegebenenfalls der nach Abzug des Skontos sich ergebende Betrag. Hat aber in solchem Falle der Lieferer von der Befugnis des § 81 Gebrauch gemacht, so muß er, wenn es sich am Ende des Steuerzeitraums noch nicht entschieden hat, ob von der Befugnis zum Abzug des Skontos Gebrauch gemacht wird, den vollen vereinbarten Preis versteuern (vgl. § 81 A. 1). Der dem Käufer gewährte Rabatt kann in Abzug gebracht werden, auch wenn er in Form von Rabattsparmarken gewährt ist; das gleiche gilt von Abzügen am Kaufpreis infolge mangelhafter Lieferung. Verzugszinsen bleiben bei der Versteuerung außer Betracht, da sie den Charakter einer Schadensersatzleistung haben. Ebenso sind die nach § 452 BGB. oder § 353 HGB. vom Käufer zu entrichtenden Zinsen bei der Besteuerung nicht mitzurechnen.

e) Vertragsstrafen, die der Lieferer wegen nicht rechtzeitiger oder nicht ordnungsmäßiger Lieferung zahlen muß, können von dem zu leistenden Gegenwert nicht in Abzug gebracht werden; wohl aber sind Abzüge am Kaufpreis, die als Folge nicht ordnungsmäßiger Lieferung gewährt werden, zu berücksichtigen. Wird für den Fall des Nichteintritts einer Bedingung, z. B. für den Fall der Nichteinhaltung eines Termins bei der Abnahme durch den Käufer, eine Kaufpreiserhöhung vereinbart, so ist gegebenenfalls auch der gezahlte Mehrpreis zu versteuern (vgl. Bayr. Oberst. Landesg. 12. 10. 14, OLGRspr 33 S. 232).

Unerheblich ist es, ob der Schuldner das Entgelt unmittelbar an den Lieferer oder auf seine Anweisung an einen Dritten zahlt, dem etwa der Lieferer ein Darlehn gewähren oder bei dem er seinerseits eine Schuld begleichen will.

8. Als **Bezahlung** ist insbesondere auch anzusehen Tilgung durch Aufrechnung (namentlich im Kontokurrentverkehr), Banküberweisung, Leistung an Zahlungs Statt (z. B. Leistung von Diensten) sowie die Hingabe von Wechseln, Schecks und sonstigen Anweisungen oder Verpflichtungsscheinen, gleichviel, ob sie nur zahlungshalber oder an Zahlungs Statt erfolgt. Erfolgt die Hingabe der genannten Papiere nur zahlungshalber, so ist als der für die Steuerpflicht maßgebende Zeitpunkt der Zahlung der ihrer Einlösung anzusehen, denn mit der Annahme des Wechsels oder Schecks zahlungshalber hat der Gläubiger den Gegenwert für die Warenlieferung noch nicht erhalten; die Warenschuld besteht vorerst weiter neben der neuen Verbindlichkeit und sie erlischt erst, wenn der Gläubiger aus dem Wechsel oder Scheck Befriedigung erhält. Hat der Gläubiger den zahlungshalber erhaltenen Wechsel oder Scheck weiterbegeben und den Gegenwert erhalten, so gilt er als befriedigt. Ebenso ist in anderen Fällen, in denen der Lieferer durch Abtretung oder sonstige Verwertung der ihm gegen den Warenempfänger zustehenden Forderung sich befriedigt, die für die verwertete Forderung erhaltene Valuta als Bezahlung der Lieferung anzusehen (a. M. Oppenheimer JW. 1916 S. 1399). Unerheblich ist, ob die Bezahlung durch den Empfänger der Warenlieferung oder durch einen Dritten für ihn erfolgt. Bei der Annahme einer Leistung (z. B. der Leistung von Diensten)

an Erfüllungs Statt gilt als Zahlungsbetrag der Wert, zu dem die Leistung an Zahlungs Statt angenommen wird. Wird an Zahlungs Statt eine bewegliche Sache hingegeben, so liegt der Fall dem des Tausches wirtschaftlich gleich. In diesem Fall ist also die Abgabe doppelt zu entrichten, da es sich um einen doppelten Umsatz wirtschaftlicher Güter handelt (vgl. A. 9). Die Bezahlung kann auch durch Übernahme einer neuen Verbindlichkeit an Erfüllungs Statt, z. B. einer durch Hypothek gesicherten Schuld (Novation) erfolgen.

9. Unter **Tausch** ist ein Vertrag zu verstehen, durch den die wechselseitige Verpflichtung zur Hingabe von Ware gegen Ware begründet wird, bei dem also die Hingabe der einen Ware den Gegenwert für die Hingabe der anderen bildet. Bei Tauschgeschäften ist die Abgabe doppelt zu entrichten. Über die Hingabe von Waren an Zahlungs Statt vgl. oben A. 8.

10. Vgl. oben A. 4 III.

11. Vgl. oben A. 4 II b.

12. Vgl. oben A. 4 I a.

13. Die Vorschrift im **Zusatz** 3 bietet der Auslegung besondere Schwierigkeiten. Nach der Erklärung des Berichterstatters der Reichstagskommission (KommBer. S. 11) sollen durch diese Bestimmung die Fälle des Werklieferungsvertrags getroffen werden. Als Werklieferungsvertrag wird in Wissenschaft und Praxis das im § 651 BGB. geregelte Vertragsverhältnis bezeichnet, vielfach unter Beschränkung auf den Fall der Herstellung einer nicht vertretbaren Sache. Das Gesetz selbst verwendet diesen Ausdruck überhaupt nicht. Der Wortlaut des Zusatzes 3 („Lieferungen aus Werkverträgen") zwingt nun aber nicht dazu, hierunter nur die im § 651 BGB. geregelten Verhältnisse zu verstehen, und der Bundesrat ist denn auch in seinen Auslegungsgrundsätzen (abgedruckt unter IV) über diese Grenze hinausgegangen. Die Auffassung des Bundesrats, des zweiten bei dem Zustandekommen des Gesetzes beteiligten, gleichberechtigten Faktors, wird nicht allein für die Steuerbehörden, sondern auch für das Publikum maßgebend sein müssen, solange nicht eine anderweitige Auslegung des Gesetzes durch höchstrichterliche Entscheidung festgestellt ist.

a) Für die Besteuerung auf Grund des Zusatzes 3 scheiden die

Fälle aus, in denen Gegenstand eines Werkvertrags ein nicht in Herstellung, Veränderung oder Ausbesserung einer Sache bestehender Erfolg ist, welcher durch Arbeit oder Dienstleistung herbeigeführt werden soll (vgl. § 631 Abs. 2 BGB.). In allen diesen Fällen erfolgt keine Lieferung aus einem Werkvertrage. Daran ändert sich nichts, wenn durch den Unternehmer bei der Arbeits- oder Dienstleistung von ihm zu beschaffende Stoffe verbraucht werden, z. B. Verbandzeug oder Heilmittel bei ärztlichen Operationen, Füllmasse bei Zahnplombierungen, Chemikalien bei der Bleicherei, Seife oder Benzin bei der Wäscherei oder chemischen Reinigung, heißer Dampf bei Erwärmung, Elektrizität bei Beleuchtung eines Raums, denn diese verbrauchten Stoffe werden nicht im Sinne des Gesetzes „geliefert". Auch in dem mit einem Sachverständigen abgeschlossenen Vertrage, kraft dessen dieser zur Abgabe eines schriftlichen Gutachtens verpflichtet ist, wird man einen auf Herstellung einer Sache gerichteten Werkvertrag nicht zu erblicken haben, denn nicht die Herstellung des Schriftwerks als solchen bildet den eigentlichen Gegenstand des Vertrags, sondern das immaterielle Werk, die geistige Schöpfung des Gutachters. Das gleiche gilt von dem mit einem Schriftsteller über Abfassung eines Schriftwerks, von dem mit einem Architekten über Aufstellung eines Bauplans abgeschlossenen Vertrage.

b) Bildet dagegen die Herstellung, Umänderung oder Ausbesserung von Sachen Gegenstand des Werkvertrags, so fragt es sich, ob der Unternehmer oder der Besteller den Stoff liefert. Ist letzteres der Fall, so entfällt die Steuerpflicht (z. B. Herstellung eines Anzugs durch den Schneider aus dem vom Besteller gelieferten Tuch); dagegen tritt in ersterem Falle die Steuerpflicht ein, sofern der Unternehmer nicht nur Zutaten oder Nebensachen (über diesen Begriff vgl. unten A. 15) beschafft. Die Lieferung von künstlichen Gliedmaßen durch den Orthopäden, von Gebissen durch den Zahnarzt unterliegt also der Steuer (vgl. unten A. 15). Beschaffen sowohl der Besteller wie der Unternehmer wesentliche Bestandteile zu dem herzustellenden Werk (z. B. der Besteller den Bezug, der Unternehmer Gestell und Polsterung eines Sofas), so liegt in der Lieferung des fertigen Werks eine steuerpflichtige Lieferung aus einem Werkvertrage vor; da sich natürlich der Preis um den Wert des vom Besteller gelieferten Stoffes mindert, wird dieser Wertteil von der Besteuerung nicht ergriffen. Ist dem Unternehmer zwar der Stoff geliefert, sind aber die Vertragsparteien von vornherein darüber einig, daß nicht der vom Besteller gelieferte, sondern anderer Stoff Verwendung finden soll, so ist steuerpflichtige Werklieferung anzunehmen, bei der der Besteller das Entgelt zum Teil durch den gelieferten Stoff im voraus entrichtet hat. Hierher gehört die sog. Tauschmüllerei, bei der der das Getreide Liefernde vom Müller die entsprechende Menge des aus anderem Getreide hergestellten Mehls erhält; hierbei ist auch die Getreidelieferung steuerpflichtiger Warenumsatz, da im Austausch dafür Mehl geliefert wird. Aber auch wenn dem Unternehmer nur die Befugnis eingeräumt ist, statt des vom Besteller gelieferten Stoffes eigenen zu verwenden (facultas alternativa), z. B. wenn ein Hausgewerbetreibender von mehreren Bestellern gleichartige Stoffe empfängt, ohne verpflichtet zu sein, jedem Besteller eine gerade aus dessen Stoff hergestellte Sache zu liefern, wird man, falls von dieser Befugnis Gebrauch gemacht ist, in der Lieferung eine steuerpflichtige Lieferung aus Werkvertrag zu erblicken haben; nur wenn man, wie oben ausgeführt ist, entgegen der Auffassung des Bundesrats daran festhält, daß nur die Fälle des § 651 BGB. durch den Zusatz 3 getroffen werden, kommt man in solchem Falle zur Verneinung der Steuerpflicht, da das Vertragsverhältnis als reiner Werkvertrag im Sinne des BGB. anzusehen ist (vgl. Lindemann JW. 1916 S. 1064).

c) Zweifelhaft ist die Frage, ob dem Zusatz 3 unterstehen Verträge, nach denen zur Ausführung des Werkvertrags die vom Unternehmer beschafften Stoffe mit einem im Eigentum des Bestellers stehenden Grundstück als wesentliche Bestandteile zu verbinden sind (z. B. Verträge der Bauunternehmer, Bauhandwerker über Herstellung von Gebäuden oder Teilen eines solchen). Im bürgerlichen Recht geht die ziemlich einstimmige (abweichend nur Lotmar, Der Arbeitsvertrag I S. 213) Ansicht in Wissenschaft und Rechtsprechung dahin, daß solche Verträge nicht nach § 651 BGB. zu beurteilen, sondern als reine Werkverträge aufzufassen sind. Aber auch wenn man die Frage, wie diese Verträge zivilrechtlich zu bezeichnen sind, dahingestellt sein läßt und den Zusatz 3 losgelöst von dem bürgerlichen Recht betrachtet, so erhebt sich gegen die Steuerpflicht immer noch das Bedenken, daß der Zusatz 3 nur von „Lieferungen" aus Werkverträgen spricht. Eine eigentliche Lieferung, eine zur Erfüllung eines entgeltlichen Warenumsatzgeschäfts erfolgende Übergabe (vgl. oben A. 4 III), findet bei den zur Erörterung stehenden Verträgen aber nicht statt, vielmehr erlangt der Besteller das Eigentum an den eingebauten Materialien auf Grund des § 946 BGB. durch die Verbindung ganz ohne Rücksicht auf die Willensrichtung der Beteiligten. Trotz dieser Bedenken hat der Bundesrat allgemein die Leistungen aus diesen Verträgen als steuerpflichtige Lieferungen aus Werkverträgen bezeichnet. Nach seiner Auffassung unterliegen also dem Umsatzstempel die vertragsmäßige Errichtung von Gebäuden, Brücken, der Bau von Wasser- oder Gasleitungen, Überlandzentralen, Talsperren, auch wenn die Errichtung auf dem Grundstück des Bestellers erfolgt; das gleiche gilt für die Lieferungen von Bauhandwerkern bei Neu- und Umbauten, z. B. für die Lieferung des Zimmerwerks, der Türen, Fenster, Schlösser, Öfen, Parkettfußböden usw. Auch die Lieferung von Tapeten mit der Verpflichtung, das Bekleben der Wände zu besorgen, gehört hierher. Wenn in diesen Fällen keine Übergabe in dem oben (vgl. A. 4 III) besprochenen Sinne erfolgt, soll an Stelle der Übergabe die Abnahme des Werkes treten. Geht die Verpflichtung des Unternehmers dahin, das Werk auf einem weder im Eigentum des Unternehmers noch des Bestellers stehenden, sondern vom Besteller nur auf Grund eines dinglichen (z. B. eines Nießbrauchs) oder persönlichen Rechts (z. B. eines Pachtrechts) benutzten Grundstücke zu errichten, so bestehen keine Zweifel über die Steuerpflicht des Umsatzes; denn in solchem Falle wird das Werk nach § 95 BGB. nicht Bestandteil des Grundstücks, so daß seine Übergabe unzweifelhaft eine Lieferung aus Werkvertrag darstellt. Soll das Werk nach dem Vertrage auf dem Grund und Boden des Unternehmers errichtet und erst nach Fertigstellung mit dem Grundstück auf den Besteller übertragen werden, so entfällt die Steuerpflicht, weil der Umsatz von Grundstücken dem Umsatzstempel nicht unterliegt und das Werk nur noch einen Bestandteil des Grundstücks bildet. Ist ein Bauwerk im ganzen verdungen (Bauentreprisevertrag) und sind, wie dies regelmäßig der Fall sein wird, die Einzellieferungen von dem Generalunternehmer weiter verdungen, so sind nur die Einzellieferungen, nicht aber die sie umfassende Gesamtlieferung für die Steuerberechnung in Betracht zu ziehen; die Lieferung des Gesamtwerks bleibt, soweit sie aus solchen weiter verdungenen Einzellieferungen besteht, unter entsprechender Anwendung des im Zusatz 4 niedergelegten Grundsatzes außer Betracht, weil nur die Einzellieferungen als Werklieferungen in Natur erscheinen. Entsprechendes muß gelten, wenn bestimmte Teilarbeiten an einem Bauwerk im ganzen verdungen sind und vom Hauptunternehmer in Einzellieferungen an Teilunternehmer weiter vergeben worden sind.

14. Eine Trennung des Entgelts für die Arbeit von dem Entgelt für den gelieferten Stoff findet bei der Besteuerung nicht statt, auch dann nicht, wenn für Stoff und Arbeit besondere Preise vereinbart und berechnet sind; die gesamte Leistung des Unternehmers ist einer Warenlieferung gleichzustellen.

Wird mit der Lieferung aus einem Werkvertrag eine andere Leistung als zusammengehörend auf Grund eines einheitlichen Vertrags geschuldet, so gilt das oben in A. 4 unter IV a—c Bemerkte. Bildet also die Lieferung aus Werkvertrag im Verhältnis zur anderen Leistung nur die Nebenleistung, z. B. die Warmwasserversorgung bei Vermietung einer Wohnung, so bleibt sie für die Besteuerung außer Betracht.

15. Bei der Entscheidung, ob **Zutaten oder Nebensachen** in Frage kommen, ist zu vergleichen das vom Unternehmer Beschaffte mit seiner gesamten Arbeitsleistung, also mit dem von ihm übernommenen Werke, nicht dagegen, wie dies die herrschende Ansicht bei Auslegung des § 651 BGB. annimmt, der vom Unternehmer beschaffte Stoff mit der Sache, an der die Arbeiten anzubringen sind (dem Arbeitssubstrat). Es ergibt sich dies aus der in der Reichstagskommission (KommBer. S. 11) unter Billigung der Regierungsvertreter getroffenen Feststellung, daß bei der Lieferung eines Kunstwerks, sei es eines Gemäldes, sei es eines Bildwerks, die Leinwand, die Farbe oder der Stein als Nebensache anzusehen sind; denn eine Vergleichung mit einem Arbeitssubstrat ist in diesen Fällen überhaupt nicht möglich. Wird also die Anwendung des Begriffs „Zutat oder Nebensache" nicht schlechthin dadurch ausgeschlossen, daß der Unternehmer den ganzen zur Herstellung einer Sache nötigen Stoff liefert, so wird seine Anwendbarkeit in solchen Fällen doch selten sein. Bei Herstellung von künstlichen Gliedmaßen nach ärztlicher Vorschrift, von Gebissen wird zwar auch der Arbeit im Verhältnis zum gelieferten Stoff eine erhebliche oder gar überwiegende Bedeutung zukommen; trotzdem wird man in solchen Fällen nach der Verkehrsauffassung den Stoff nicht als bloße Zutat oder Nebensache ansehen können. Der Verkehrsauffassung ist aber bei der Abgrenzung des Begriffs „Zutat oder Nebensache" maßgebende Bedeutung beizumessen. In den Auslegungsgrundsätzen des Bundesrats werden als Beispiele angeführt: Nähzwirn, Borden, Futterstoffe, Heftel, Knöpfe bei der Schneiderei, Appreturmasse zur Appretur der Waren, Farbstoffe und Lacke zum Färben, Anstreichen und Lackieren der Gegenstände, Metalle und Metallegierungen zur Vergoldung, Versilberung, Verzinnung, Verzinkung. Die Geschäfte der Färbereien, welche sich auf das Färben der im Eigentum der Besteller stehenden Waren beschränken, der Anstreicher, welche unter Lieferung der Farbe das Anstreichen der Fußböden, Decken, Wände von Gebäuden besorgen, unterliegen also nicht der Steuerpflicht. Ebenso wird der Buchdrucker, der lediglich das ihm gelieferte Papier bedruckt, steuerfrei bleiben; liefert er dagegen auch das Papier des Druckwerks, so wird man, mögen auch die Kosten des Satzes die Kosten des Papiers übersteigen, nicht mehr davon sprechen können, daß bloße Zutaten oder Nebensachen geliefert seien, vielmehr unterliegt das ganze für die Lieferung des Druckes bezahlte Entgelt der Steuer (vgl. A. 14). Im Falle der Verbindung der hergestellten Sache mit einem Grundstück ist der zur Herstellung verwendete Stoff nicht schon deshalb als Nebensache anzusehen, weil die zum Bestandteile des Grundstücks gewordene Sache im Verhältnis zum Grundstück als Nebensache gilt, denn, wie hervorgehoben, kommt für das Steuergesetz nicht das Arbeitssubstrat, hier das Grundstück, als Vergleichsgegenstand in Frage, sondern die Arbeitsleistung des Unternehmers. Wird die vom Unternehmer hergestellte Sache mit einer anderen beweglichen Sache verbunden, so ist aus der gleichen Erwägung heraus der vom Unternehmer beschaffte Stoff nicht schon deshalb als Nebensache anzusehen, weil die verbundene Sache im Verhältnis zur ganzen Sache als Nebensache erscheint, z. B. Maschinenersatzteile, die vom Unternehmer hergestellt sind, beim Einbau in eine Maschine des Bestellers; die vom Unternehmer gelieferte Karosserie eines Kraftwagens beim Einbau in den Wagen des Bestellers; der vom Unternehmer beschaffte Bucheinband nach der Verbindung mit dem Buche; der vom Unternehmer gelieferte Rahmen nach der Einrahmung des Bildes. Wird eine bei einer Lieferung aus Werkvertrag vom Unternehmer verwendete Sache überhaupt nicht wesentlicher Bestandteil (§ 93 BGB.) der fertigen Sache, z. B. eine Straußenfeder bei Herstellung eines Damenhuts, eine echte Spitze bei Herstellung eines Damenkleides, so liegt stets eine steuerpflichtige Warenlieferung vor, denn die verwendete Sache kann nach der Lösung aus der Verbindung als selbständige Sache dienen, sie wird also im Sinne des Gesetzes geliefert. Ob im Ausbesserungsverkehr der vom Ausbesserer beschaffte Stoff bloße Zutat oder Nebensache ist, ist von Fall zu Fall zu prüfen; im Zweifel wird der Wert des Beschafften im Verhältnis zur Arbeitsleistung ausschlaggebend sein müssen. Beim Flickschuster, der das Leder zu Sohlen und Absätzen der ihm zur Ausbesserung übergebenen Schuhe liefert, wird man Beschaffung bloßer Zutaten anzunehmen haben, nicht aber beim Goldschmied, der einem zerbrochenen Schmuckstück eine neue Goldfassung gibt.

16. Die Vorschrift des **Zusatzes 4** soll den Zwischenhandel, insbesondere den börsenmäßigen Handel, bei dem ein Umsatz der Ware in Natur nicht stattfindet, vor übermäßiger Belastung durch die Steuer und damit die gehandelten Produkte vor zu starker Verteuerung schützen. Nach der Erklärung des Berichterstatters der Reichstagskommission (KommBer. S. 12) soll die Frage, ob eine Übertragung der Ware in Natur stattfindet, nach bürgerlichem Recht entschieden werden, insbesondere sollen die Fälle der Übergabe durch brevi manu traditio, durch constitutum possessorium und durch Abtretung des Herausgabeanspruchs Fälle der Übertragung in Natur sein. Den Gegensatz zu der Übertragung in Natur bildet also die bloße Abtretung des obligatorischen Anspruchs des Erwerbers gegen den Veräußerer aus dem Veräußerungsgeschäft; dagegen sind außer der Übergabe der Ware gemäß § 929 BGB. auch die oben in A. 4 unter III b behandelten Ersatzmittel der Übergabe als Übertragungen in Natur anzusehen. (Ebenso Kloß JW. 1916 S. 1404 gegen Hirschfeld das. S. 1262.) Die Anwendung des Zusatzes 4 bleibt hiernach ausgeschlossen, wenn der Käufer einer nicht vertretbaren Sache oder einer durch Ausscheidung spezialisierten Warenmenge nach Erwerb des Eigentums durch Erlangung des mittelbaren Besitzes (durch constitutum possessorium) das Erworbene unter Abtretung des Herausgabeanspruchs weiterveräußert. Dagegen ist Umsatzsteuer gemäß Zusatz 4 nur einmal zu entrichten, wenn dieser Käufer, bevor ihm das Eigentum verschafft ist, seinen Anspruch aus dem Kaufvertrage auf Übergabe und Eigentumsverschaffung (§ 433 BGB.) bei der Weiterveräußerung an seinen Käufer abtritt und dieser vom ersten Verkäufer in Erfüllung des abgetretenen Anspruchs geliefert erhält. Ebenso ist Zusatz 4 anwendbar, wenn Warentermingeschäfte über Waren gleicher Art in der Weise abgewickelt werden, daß der Verkäufer bei dem einen Geschäft zur Erfüllung seiner Lieferungsverbindlichkeit seinem Käufer den Anspruch abtritt, der ihm als Käufer aus einem anderen Geschäft gegen seinen Verkäufer zusteht, denn hierbei handelt es sich nur um einen obligatorischen Anspruch auf Lieferung noch nicht spezialisierter Waren. Das gleiche gilt, wenn im Wege des Skontrierungsverfahrens abgerechnet wird und nur die nicht ausgeglichenen Lieferungsverbindlichkeiten durch Lieferung in Natur erledigt werden. Die Entscheidung, ob der dingliche Herausgabeanspruch oder nur der obligatorische Lieferungsanspruch abgetreten ist, wird in der Praxis häufig zu Zweifeln Anlaß geben. Hat der zweite Verkäufer aus der Erklärung seines Verkäufers nicht entnehmen können, ob ihm der Herausgabeanspruch oder ein bloßer obligatorischer Lieferungsanspruch abgetreten ist, so wird man die Anwendbarkeit des Zusatzes 4 nicht verneinen können, da man im Zweifel annehmen muß, daß eine Lieferung der Ware in Natur nicht beabsichtigt war. Nach den Auslegungsgrundsätzen des Bundesrats (vgl. unten IV Grundsatz II Abs. 5) soll die Übertragung eines Lieferscheins im Zweifel nicht als Abtretung des Herausgabeanspruchs gelten. Unter Lieferschein hat man die kaufmännische, über Waren ausgestellte Anweisung zu verstehen, gleichviel ob die Leistung von einer Gegenleistung unabhängig ist (vgl. § 363 HGB.) oder ob die Anweisung besagt, daß gegen Zahlung zu liefern ist (Kassalieferschein); (vgl. RGZ. 76, 239).

In allen Fällen der Anwendbarkeit des Zusatzes 4 hat der in Natur Liefernde der Berechnung des Umsatzstempels den Betrag zugrunde zu legen, den er aus dem von ihm abgeschlossenen Geschäft erhält, denn das ist sein Entgelt für die Lieferung. Ist die Lieferung aus diesem hiernach für den Umsatzstempel maßgebenden Geschäfte aus irgendeinem Grunde, insbesondere weil eine der Befreiungsvorschriften zu Tarifnummer 10 Platz greift, stempelfrei, so ist überhaupt keine Steuer zu entrichten.

17. Die Übergabe gewisser Papiere des Handelsrechts hat für den Erwerb von Rechten an dem Gute, über welches das Papier ausgestellt ist, dieselben Wirkungen wie die Übergabe des Gutes (Dispositions- oder Traditionsurkunden). Solche Papiere sind die Konnossemente, Ladescheine und die an Order lautenden Lagerscheine. Ohne die Bestimmung im Zusatz 5 würde also der Umsatzstempel bei jeder Weitergabe des Papiers zu entrichten sein. (Ebenso Kloß JW. 1916 S. 1405.) Aus den gleichen Erwägungen wie bei Zusatz 4 hat man aber nur die Übertragung durch den ersten inländischen Inhaber des Papiers für steuerpflichtig erklärt, indem man offenbar davon ausging, daß dieser in einem Verhältnis zu der Ware steht, das ihn auch zu ihrer Lieferung in Natur befähigte, und daß er deshalb so anzusehen ist, als ob er in Natur geliefert habe.

Über Konnossemente vgl. §§ 642 ff. HGB. Der Ladeschein ist eine vom Frachtführer ausgestellte Verpflichtungsurkunde über die Auslieferung des Gutes an den legitimierten Empfänger (§§ 444 ff. HGB.). Ein von einem Lagerhalter ausgestellter Lagerschein ist nur dann Dispositionspapier, wenn er an Order lautet (§ 424 HGB.). Solche Lagerscheine können nur von einer staatlich dazu ermächtigten Anstalt ausgestellt werden (§ 363 Abs. 2 HGB.). Wenn die Voraussetzungen der Befreiungsvorschrift 2 hinsichtlich der Ware vorliegen, bleibt auch die im Inland erfolgende Übertragung der über diese Ware ausgestellten Dispositionspapiere von der Steuer frei (KommBer. S. 12).

18. Diese Befreiungsvorschrift soll der sonst zu befürchtenden Neigung vorbeugen, gemünztes Gold, dessen Lieferung der Steuerpflicht nicht unterliegen würde, zu anderen Zwecken zu verarbeiten, anstatt ungemünztes Gold aufzukaufen (KommBer. S. 16).

19. Durch diese Befreiungsvorschrift soll vermieden werden, daß das deutsche Zwischenhandelsgeschäft mit ausländischen Waren an den ausländischen Importeur übergeht, der um den Betrag des Umsatzstempels billiger liefern kann. Sie bezieht sich sowohl auf die Lieferung zollpflichtiger Waren aus dem Zollausland oder dem gebundenen Verkehr (vgl. A. 20) des Zollinlands wie auch auf zollfreie Waren; bei diesen mußte jedoch Vorsorge getroffen werden, daß es sich wirklich um ausländische Waren handelt. Zu diesem Zweck ist dem Bundesrat ein gewisses Bestimmungsrecht eingeräumt (Sten. Ber. S. 1403 C). Die vorbehaltene Bestimmung des Bundesrats ist durch § 158 AB. getroffen (abgedruckt unter III). Im übrigen ist die Vorschrift unter X der Auslegungsgrundsätze (abgedruckt unter IV) erläutert. Die Vergünstigung geht für die inländischen zollpflichtigen Waren verloren, wenn sie in einem Zollausschlußgebiet oder im gebundenen Verkehr vor der Lieferung verarbeitet oder — nicht nur zum Zwecke der Sortierung, Reinigung und Erhaltung — bearbeitet werden; ferner wenn sie vor der Lieferung nach der Verzollung auf ein inländisches Lager verbracht und erst von hier aus veräußert werden; denn in diesen Fällen erfolgt die Lieferung der fertigen Ware nicht

aus dem Zollausland. Dagegen steht es der Anwendung der Befreiungsvorschrift nicht entgegen, wenn die bereits an einen inländischen Abnehmer veräußerte Ware noch vor der Lieferung verzollt wird; denn in solchem Falle berührt die Tatsache, daß der Veräußerer und nicht der Erwerber den Zoll entrichtet, die wirtschaftliche Natur des Geschäfts nicht.

Die Befreiungsvorschrift für ausländische zollfreie Waren gilt nach Grundsatz X Abs. 4 (abgedruckt unter IV) auch für die aus dem freien Verkehr der Zollanschlüsse (der österreichischen Gemeinden Jungholz und Mittelberg, des Großherzogtums Luxemburg) gelieferten Waren; der Umstand, daß sich die Ware bereits im Zollinland befindet, beseitigt in diesem Falle noch nicht ihre Eigenschaft als ausländische Ware im Sinne des Gesetzes; anderenfalls würde der Zweck des Gesetzes, den deutschen Importeur zu schützen, für die Zollanschlußgebiete vereitelt.

Die Unterweser-Seehäfen und die Unterelbe-Seehäfen sind nach Grundsatz X Abs. 6 im Sinne des § 158 AB. als je ein Einfuhrseehafen anzusehen; hierdurch soll verhindert werden, daß geleichterte Waren der Vergünstigung der Befreiungsvorschrift verlustig gehen.

20. Unter Lieferungen aus dem gebundenen Verkehr des Zollinlandes sind die Lieferungen aus öffentlichen Niederlagen (Packhöfen), aus Privatlagern, auch solchen ohne amtlichen Mitverschluß, und aus fortlaufenden Konten zu verstehen. Auslandswaren können nämlich nach dem Kontenregulativ an Großhandlungen unverzollt mit der Maßgabe verabfolgt werden, daß die Eintragung der Waren in ein fortlaufendes Konto stattfindet und die Wiederausfuhr dieser Ware demnächst nachgewiesen oder die Verzollung bewirkt werden muß (vgl. Vereinszollgesetz § 110).

21. Zweck der Vorschrift ist, den Ausfuhrhandel des inländischen Zwischenhändlers zu begünstigen, weil andernfalls zu befürchten ist, daß der Zwischenhandel ins Ausland abwandert. Voraussetzung ihrer Anwendbarkeit ist also, daß die Ware bereits im Inland von einem anderen bezogen ist; auf Lieferungen nach dem Ausland durch den Fabrikanten trifft die Befreiungsvorschrift nicht zu. Man hat angenommen, daß der Exporthandel des Herstellers nicht in gleichem Maße schutzbedürftig sei wie der des Zwischenhändlers, weil letzterer unter Umständen auf einen so geringen Verdienst angewiesen ist, daß er durch die Steuer gehindert würde, noch mit Gewinn zu arbeiten. Daß die Bestandteile der Sache vom Hersteller aus dem Inlande bezogen sind, genügt nicht, um die Anwendung der Befreiungsvorschrift auf ihn zu rechtfertigen, sofern aus der Be- oder Verarbeitung der Bestandteile eine neue Ware hervorgegangen ist. Ob die im Inlande bezogene Ware auch im Inland erzeugt oder ob sie vorher als verzollte oder zollfreie Ware aus dem Auslande bezogen ist, ist gleichgültig. Entscheidend ist, ob die Lieferung im oben (vgl. A. 4 III) dargelegten Sinne nach dem Ausland erfolgt; Lieferungen an den inländischen Vertreter eines ausländischen Gewerbetreibenden, an Reisende, welche die Ware ins Ausland mitnehmen, fallen also nicht unter die Befreiungsvorschrift.

22. Die Befreiung beruht auf der Erwägung, daß es sich um gemeinnützige Betriebe handelt, die nicht mit der Steuer belastet werden sollen (Sten. Ber. S. 1404 B). Sie ist auf die Fälle zu beschränken, in denen das Gas-, Elektrizitäts- oder Wasserwerk von den aufgeführten öffentlichen Verbänden selbst betrieben wird, dagegen gilt sie nicht, wenn diese Verbände nur an dem Betrieb als Gesellschafter oder in anderer Weise beteiligt sind. Auch dann ist sie nicht anwendbar, wenn das Werk von einer Aktiengesellschaft betrieben wird, deren sämtliche Aktien einer der bezeichneten öffentlichen juristischen Personen gehören. Die Anwendung der Befreiungsvorschrift wird aber nicht dadurch ausgeschlossen, daß das von einer Gemeinde oder einem Gemeindeverband betriebene Gas-, Elektrizitäts- oder Wasserwerk seinen Betrieb über die örtlichen Grenzen der Gemeinde oder des Gemeindeverbandes ausdehnt. Auch wird nicht unterschieden, ob der öffentliche Verband, welcher Gas, Wasser oder Elektrizität liefert, diese Waren selbst erzeugt oder sie von anderen bezieht. Die Befreiung erstreckt sich natürlich nicht auf die Lieferung von Nebenprodukten der Gaswerke, wie Teer, Koks usw.

Artikel III.

Hinter dem § 75 des Reichsstempelgesetzes werden folgende Vorschriften eingestellt:

IX. Warenumsätze.

(Tarifnummer 10)

§ 76.

Wer im Inland[1]) ein stehendes Gewerbe[2]) betreibt,[3]) hat der Steuerstelle[4]) am Schlusse des Kalenderjahrs[5]) binnen dreißig Tagen[6]) den Gesamtbetrag der Zahlungen anzumelden,[7]) die er im Laufe des Jahres für die im Betriebe seiner inländischen Niederlassung gelieferten Waren erhalten hat.[8]) Hat der Betrieb nicht bis zum Jahresschlusse bestanden,[9]) so hat die Anmeldung binnen gleicher Frist bei Beendigung des Betriebs zu erfolgen.[10]) Von später eingehenden Zahlungen ist die Abgabe nach § 83a zu entrichten. Nach näherer Bestimmung des Bundesrats kann die Frist von dreißig Tagen auf Antrag verlängert werden.[11])

Als Gewerbebetrieb gilt auch der Betrieb der Land- und Forstwirtschaft, der Viehzucht, der Fischerei und des Gartenbaues sowie der Bergwerkbetrieb. Dem Betrieb eines stehenden Gewerbes steht der Gewerbebetrieb im Umherziehen[12]) und der Wanderlagerbetrieb[13]) gleich, wenn der Gewerbetreibende im Inland wohnt und die Waren im Inland abgesetzt sind. Die Gewerbsmäßigkeit einer Unternehmung wird nicht dadurch ausgeschlossen, daß sie von einer öffentlichen Körperschaft oder daß sie von einem Verein, einer Gesellschaft oder einer Genossenschaft, die nur an die eigenen Mitglieder liefern, betrieben wird.

Für die Anmeldungen kann ein besonderes Muster vorgeschrieben werden.

Zu § 76.

1. Inland ist das Reichsgebiet; die Schutzgebiete gelten nicht als Inland im Sinne des RStG. (vgl. § 83a A. 3).

2. Das Gesetz gibt keine Definition des Begriffs **„Gewerbebetrieb"**. Die Umgrenzung, welche der Begriff in anderen Reichsgesetzen, insbesondere in der GewO. gefunden hat, ist für das Steuergesetz nicht maßgebend. Auch darf man nicht etwa aus dem Gebrauch der Worte „stehendes Gewerbe", welche lediglich den Gegensatz zum Gewerbebetrieb im Umherziehen betonen sollen, bei dem die Voraussetzungen der Steuerpflicht andere sind, auf eine Anlehnung an § 1 des preußischen Gewerbesteuergesetzes schließen. Die in der Rechtsprechung des Oberverwaltungsgerichts gegebene Begriffsbestimmung: „jede mit der Absicht der Gewinnerzielung unternommene berufsmäßige Beteiligung am allgemeinen wirtschaftlichen Verkehr" ist also nicht anwendbar. Vielmehr ergibt sich aus der Vorschrift in § 76 Abs. 2 Satz 3, daß zu einem Gewerbebetrieb im Sinne des Steuergesetzes die Absicht des Unternehmers, Gewinn zu erzielen, nicht erforderlich ist. Denn diese Gewinnabsicht fehlt namentlich regelmäßig bei den Vereinen, Gesellschaften und Genossenschaften, die nur an die eigenen Mitglieder liefern, deren Unternehmungen aber gleichwohl ausdrücklich als gewerbsmäßige im Sinne des Steuergesetzes hervorgehoben sind. Man wird also unter Gewerbebetrieb im Sinne des Steuergesetzes jede auf Erzielung von Einnahmen aus Warenumsätzen gerichtete geschäftliche Tätigkeit zu verstehen haben. (Ebenso Popitz PrVerwBl. 38 S. 68, 85.) Es fallen deshalb Gemeinden und Gemeindeverbände, welche ohne Gewinnabsicht Nahrungsmittel an die Einwohner vertreiben, unter § 76; der Bundesrat hat indessen auf Grund des § 3 des Gesetzes über die Ermächtigung des Bundesrats zu wirtschaftlichen Maßnahmen vom 4. 8. 1914 beschlossen, daß der Umsatzstempel nicht erhoben wird bei solchen Warenlieferungen, die während der Dauer der Kriegswirtschaft von Bundesstaaten, Gemeinden oder Gemeindeverbänden zur Versorgung der Bevölkerung mit Lebensmitteln bewirkt werden, sofern die Waren von den Bundesstaaten, Gemeinden oder Gemeindeverbänden nicht im

eigenen Betrieb erzeugt worden sind (§ 1 Abs. 1 d. Bekanntm. v. 14. 11. 16 RGBl. S. 1274). Mit Zustimmung des Reichskanzlers können von den obersten Landesfinanzbehörden den Gemeindeverbänden solche Lebensmittelversorgungsgesellschaften (Bezirkszentralen) gleichgestellt werden, die unter Beteiligung von Gemeinden oder Gemeindeverbänden zur Versorgung ihrer Bevölkerung mit Lebensmitteln errichtet sind (§ 1 Abs. 2 a. a. O.). Kriegsgesellschaften und ähnliche Organisationen, welche für die Dauer der Kriegswirtschaft die Erzeugung, Beschaffung oder Verteilung von Kriegsbedarf oder von sonstigen Waren betreiben, haben die Umsätze nach § 76 zu versteuern; ebenso Fabriken usw., welche in Kantinen oder Fabrikküchen Nahrungs- und Genußmittel an ihre Arbeiter unter Deckung der Selbstkosten absetzen. Dagegen sind Unternehmungen, welche ausschließlich wohltätige Zwecke verfolgen, z. B. öffentliche Volksküchen, Suppenanstalten, Kaffeeschänken u. dgl., nicht als Gewerbebetriebe anzusehen, da die ausschließlich zu Zwecken der Wohltätigkeit aufgewendete Tätigkeit nicht als geschäftsmäßige Tätigkeit gelten kann.

Besonders hervorgehoben ist, daß auch der Betrieb der Land- und Forstwirtschaft, der Viehzucht, der Fischerei und des Gartenbaues sowie der Bergwerkbetrieb als Gewerbebetrieb gilt. Dagegen bildet die Jagd keinen Gewerbebetrieb; der Verkauf der Jagderzeugnisse unterliegt deshalb der Einzelbesteuerung nach § 83a, da es sich um nicht im Betriebe eines inländischen Gewerbes erfolgende Lieferungen handelt. Unzweifelhaft ist der Apotheker Gewerbetreibender im Sinne des Gesetzes, wenn auch die Gewerbeordnung auf ihn keine Anwendung findet (§ 6 GewO.). Auch der Betrieb der Reichspost- und Telegraphenverwaltung (abw. Verf. vom 4. 10. 1916, Amtsbl. des Reichspostamts S. 391), der Staatseisenbahnen ist Gewerbebetrieb im Sinne des Gesetzes; soweit innerhalb dieses Betriebs Warenlieferungen erfolgen, z. B. in den durch die Eisenbahnverwaltung betriebenen Bahnhofswirtschaften, findet § 76 Anwendung. Das gleiche gilt für den Betrieb der Gefängnisse, Strafanstalten, Arbeitshäuser usw., soweit sie sich mit Warenlieferungen oder Lieferungen aus Werkverträgen befassen.

3. Zur Begründung der Steuerpflicht ist nur erforderlich,

daß ein stehendes Gewerbe von einer inländischen Niederlassung aus betrieben wird. Auf Wohnsitz und Staatsangehörigkeit des Inhabers kommt es nicht an, ebensowenig darauf, ob die inländische Niederlassung Haupt- oder Zweigniederlassung ist. Eine gewerbliche Niederlassung ist vorhanden, wenn der Gewerbetreibende im Inland ein zu dauerndem Gebrauch eingerichtetes, beständig oder doch in regelmäßiger Wiederkehr von ihm benutztes Lokal für den Betrieb seines Gewerbes besitzt (§ 42 Abs. 2 GewO.). Ob das Gewerbe für eigene oder fremde Rechnung betrieben wird, ist unerheblich. Über den Gewerbebetrieb des Kommissionärs vgl. oben Art. II A. 4 III a.

4. Die zur Erhebung der Abgabe bestimmten Stellen (Steuerstellen) und ihre Oberbehörden (Direktivbehörden) sind nach § 1 Abs. 1 AB. (RZBl. 1913 S. 801) von den Landesregierungen zu bestimmen und dem Reichsschatzamt mitzuteilen. In Preußen wird die Abgabe in Stadtgemeinden regelmäßig durch den Gemeindevorstand, in Landgemeinden und Gutsbezirken durch den Kreisausschuß erhoben; in kleinen Stadtgemeinden kann an Stelle des Gemeindevorstandes der Kreisausschuß, in großen Landgemeinden an Stelle des Kreisausschusses der Gemeindevorstand treten (vgl. § 115 RStG. A. 1 unter II). Über die örtliche Zuständigkeit vgl. § 160 Abs. 2 u. 3 AB. und Popitz PrVerwBl. 38 S. 67.

5. Die Abgabe ist erstmalig für die in die Zeit vom 1. Oktober bis 31. Dezember 1916 fallenden Zahlungen zu entrichten; vgl. Art. V A. 1.

6. Für die Berechnung der Frist sind die Bestimmungen des BGB. (§§ 186 ff.) maßgebend. Danach endigt die Frist regelmäßig am 30. Januar. Fällt der letzte Tag der Frist auf einen Sonntag oder einen staatlich anerkannten allgemeinen Feiertag, so tritt an die Stelle des Sonntags oder des Feiertags der nächstfolgende Werktag.

Die Nichteinhaltung der Frist hat zunächst eine Erinnerung der Steuerstelle zur Folge mit Setzung einer Nachfrist von 2 Wochen, § 164b Abs. 2 AB.

7. Zur Anmeldung sind amtliche Vordrucke zu verwenden (§ 159 AB.). Eine Pflicht zur Buchführung wird durch die Ver-

pflichtung zur Anmeldung nicht begründet (Sten.Ber. S. 1405 C). Wie zu verfahren ist, wenn der Gewerbetreibende keine Bücher führt, ist im § 79 vorgesehen.

8. Maßgebend ist lediglich, daß die Zahlung im Laufe des Steuerjahrs eingegangen ist; wann die Lieferung erfolgt ist oder ob die Lieferung im Falle der Vorauszahlung noch aussteht, ist daneben unerheblich. (Ebenso Kloß JW. 1916 S. 1404.) Teilzahlungen sind jeweilig in dem Kalenderjahr zu versteuern, in dem sie eingehen; die Vorschrift des § 83a Abs. 2 Satz 2 ist hier nicht entsprechend anzuwenden. Wenn der Steuerpflichtige von der im § 81 eingeräumten Befugnis Gebrauch macht, sind die in dem Steuerzeitraum erfolgten Lieferungen maßgebend.

Ob die Zahlung im Inland oder im Ausland, z. B. auf ausländisches Bankkonto erfolgt, ist gleichgültig. Im Falle des Kontokurrentverkehrs (§ 355 HGB.) ist der Rechnungsabschluß als Zeitpunkt der Zahlung anzusehen. Sind Wechsel oder Schecks zahlungshalber angenommen, so gilt der Tag der Einlösung als Tag der Zahlung der Schuld, zu deren Deckung sie hingegeben sind (vgl. oben Art. II A. 8). Erfolgt die Zahlung durch Gutschrift im Kassenführungsvermerk (Abrechnungsverhältnis zwischen mehreren Personen, vermöge dessen die eine als Kassenhalter der anderen ein Guthaben — Konto — zur Verfügung nach dessen Anweisung zu halten hat), so ist der Tag der Gutschrift als Zahlungstag maßgebend.

Die Entscheidung der Frage, ob einmal eingegangene, aber später zurückgezahlte Beträge abgezogen werden dürfen, hängt davon ab, aus welchem Grunde die Zurückzahlung erfolgt ist. Ausgeschlossen ist der Abzug jedenfalls, wenn die Zurückzahlung infolge freiwilliger Rückgängigmachung des Lieferungsvertrags erfolgt. Auch wenn infolge Wandlung eines Kaufvertrags oder Minderung des Kaufpreises Beträge zurückgezahlt werden, dürfen diese nicht abgezogen werden, da der einmal eingetretene steuerpflichtige Tatbestand durch die Zurückzahlung nicht ungeschehen gemacht wird. Nur wenn auf Grund eines nichtigen oder durch Anfechtung nichtig gewordenen Vertrages Zahlungen erfolgt und demnächst rückgängig gemacht sind, scheiden diese Beträge für die Steuerberechnung aus, sofern Zahlung und Rückzahlung in denselben Steuerzeitraum fallen.

Erfolgt die Rückzahlung erst in einem späteren Steuerzeitraum, so ist eine Befugnis, den zurückgezahlten Betrag bei der Steuerberechnung abzuziehen, niemals gegeben.

Wird eine bereits gelieferte Ware umgetauscht, so liegt, gleichviel ob der Umtausch in dem gleichen oder einem späteren Steuerzeitraum erfolgt, wie die erste Lieferung, abgesehen von der ersten Lieferung, ein nochmaliger doppelter Warenumsatz vor, der gemäß Zusatz 1 Abs. 2 auch doppelt zu versteuern ist. Sofern die Rückgabe der umzutauschenden Ware durch einen Nichtgewerbetreibenden im Sinne des § 76 erfolgt, unterliegt die Rückgabe der Besteuerung nur, wenn es sich um eine Ware im Werte von mehr als 100 ℳ handelt; in diesem Falle ist gemäß § 83a hierüber eine steuerpflichtige Quittung auszustellen. Daß das Umtauschgeschäft wirtschaftlich nur den Ersatz der ersten Lieferung durch eine andere bezweckt, ist steuerrechtlich ohne Bedeutung. Auch ist es ohne Einfluß, ob die Berechtigung zum Umtausch für den Käufer von vornherein vorbehalten war.

9. Der Betrieb besteht bis zur Auflösung, die insbesondere durch Veräußerung des Geschäftsbetriebs im ganzen erfolgen kann; im Falle der Liquidation oder der Eröffnung des Konkurses gilt der Betrieb für die Dauer des Liquidations- oder Konkursverfahrens als fortbestehend (KommBer. S. 16); das gleiche gilt im Falle der Anordnung einer Geschäftsaufsicht (Bekanntmachung vom 8. August 1914, RGBl. S. 363). Die Veräußerung eines Gewerbebetriebs im ganzen erfolgt außerhalb des Gewerbebetriebs, die dafür eingehende Zahlung ist nach § 83a zu versteuern. Wer einen Gewerbebetrieb im ganzen erwirbt, braucht die Zahlungen, die nach Übergabe des Geschäfts bei ihm eingehen und sich als Entgelt für Warenlieferungen seines Rechtsvorgängers darstellen, nicht zu versteuern; denn die Warenlieferungen gelten bereits durch die dem früheren Betriebsinhaber für die Abtretung der ausstehenden Forderungen gewährten Leistungen als bezahlt (vgl. oben Art. II A. 8), die bei dem Rechtsnachfolger eingehenden Zahlungen bilden also im Sinne des Gesetzes keine Zahlungen für Warenlieferungen.

10. Über die Versteuerung der nach Beendigung des Betriebs

bei dem früheren Gewerbetreibenden eingehenden Zahlungen vgl. § 83a A. 2.

11. Die Bestimmungen über Fristverlängerung sind in § 160 Abs. 6 AB. getroffen.

12. Gewerbebetrieb im Umherziehen liegt vor, wenn jemand außerhalb des Gemeindebezirks seines Wohnorts oder der durch besondere Anordnung der höheren Verwaltungsbehörde dem Gemeindebezirk des Wohnorts gleichgestellten nächsten Umgebung desselben ohne Begründung einer gewerblichen Niederlassung und ohne vorgängige Bestellung in eigener Person a) Waren feilbietet, b) Warenbestellungen aufsucht oder Waren bei anderen Personen als Kaufleuten oder an anderen Orten als in offenen Verkaufsstellen zum Wiederverkauf ankauft, c) gewerbliche Leistungen anbietet, d) Musikaufführungen, Schaustellungen, theatralische Vorstellungen oder sonstige Lustbarkeiten, ohne daß ein höheres Interesse der Kunst oder der Wissenschaft dabei obwaltet, darbietet (§ 55 GewO.). Der Meß- und Marktverkehr ist nicht als Gewerbebetrieb im Umherziehen, sondern als stehendes Gewerbe anzusehen.

13. Zu den Wanderlagern sind in der Regel diejenigen Unternehmungen zu rechnen, in denen außerhalb des Wohnorts des Unternehmers und außerhalb des Meß- und Marktverkehrs von einer festen Verkaufsstelle aus vorübergehend Waren feilgeboten werden (RGSt. 29, 1). Diese Begriffsbestimmung, welche namentlich dem preußischen Gesetz vom 27. Februar 1880, betr. die Besteuerung des Wanderlagerbetriebs (GS. S. 174), entspricht, ist auch für das Steuergesetz zugrunde zu legen.

§ 77.

Mit der Anmeldung ist die Abgabe gleichzeitig bei der Steuerstelle bar einzuzahlen.[1])

Hat in einem Jahre der Gesamtbetrag der Zahlungen zweihunderttausend Mark überstiegen, so sind auf die für das folgende Kalenderjahr fällig werdende Steuer nach näherer

Bestimmung des Bundesrats vierteljährlich abschlägige Zahlungen zu leisten.[2])

Der Bundesrat kann vorschreiben, daß die Abgabe durch Verwendung von Stempelzeichen zu den einzureichenden Anmeldungen zu entrichten ist.[3])

Die Abgabepflicht tritt mit dem Ablauf des Zeitraums für den die Abgabe zu entrichten ist, ohne Rücksicht auf die Anmeldung ein.

Zu § 77.

1. Durch die Auslegungsgrundsätze (abgedruckt unter IV) ist klargestellt, daß die Worte „bar einzuzahlen" lediglich den Gegensatz zur Entrichtung der Abgabe durch Verwendung von Stempelmarken zum Ausdrucke bringen soll; selbstverständlich ist es zulässig, die Abgabe auch durch Postanweisung, Banküberweisung oder bestätigten Scheck (Bekanntmachung über die Bestätigung von Schecks durch die Reichsbank vom 31. August 1916 — RGBl. S. 985) einzuzahlen.

2. Über Abschlagszahlungen vgl. § 164e AB. (abgedruckt unter III).

3. Hiervon hat der Bundesrat bisher keinen Gebrauch gemacht.

§ 78.

Beläuft sich der Gesamtbetrag der Zahlungen (§ 76) auf nicht mehr als dreitausend Mark, so besteht eine Verpflichtung zur Anmeldung und eine Abgabepflicht nicht.[1])

Zu § 78.

1. Gewerbetreibende mit einem Jahresumsatz von nicht mehr als 3000 ℳ bleiben steuerfrei. Solche Gewerbetreibende haben auch nicht etwa Einzelquittungen nach § 83a zu versteuern, soweit es sich um Warenlieferungen im Betriebe ihres inländischen Gewerbes handelt (KommBer. S. 15).

Bei der erstmaligen Anmeldung im Januar 1917 ist bei der Frage, ob die Steuergrenze von mehr als 3000 ℳ erreicht wird, das ganze Jahr 1916 rückwärts zugrunde zu legen (KommBer.

S. 18). Es erscheint nicht zulässig, das Ergebnis des letzten Vierteljahrs mit 4 multipliziert, falls dies dem Steuerpflichtigen günstiger sein sollte, anzumelden, denn das Gesetz spricht von dem Gesamtbetrag der innerhalb eines Jahres empfangenen Zahlungen.

§ 79.

Ist der Betriebsinhaber nicht imstande, den tatsächlichen Gesamtbetrag der Zahlungen anzugeben, weil für seinen Betrieb eine geregelte Buchführung nicht stattfindet und ihm auch sonstige Unterlagen für die genaue Berechnung des Gesamtbetrags fehlen, so hat er unter Versicherung dieser Tatsachen den von ihm geschätzten Gesamtbetrag der Zahlungen anzugeben und danach die Steuer zu entrichten.

Trägt die Steuerstelle Bedenken, den geschätzten Betrag als richtig anzunehmen, und führen die Verhandlungen mit dem Steuerpflichtigen nicht zu einer Einigung, so ist sie berechtigt, ihrerseits eine Schätzung vorzunehmen und danach die Steuer zu erheben, sofern sie dem Steuerpflichtigen binnen drei Monaten nach Einreichung der Anmeldung von deren Beanstandung Kenntnis gibt. Der Steuerpflichtige ist zur Auskunft über die für die Schätzung erheblichen tatsächlichen Verhältnisse und zur Vorlegung der sich hierauf beziehenden Schriftstücke verpflichtet.[1])

Zu § 79.

1. Das bei Betrieben ohne geregelte Buchführung Platz greifende Schätzungsverfahren ist geregelt durch § 164f AB. (abgedruckt unter III).

§ 80.

Über die von ihr vorgenommene Schätzung (§ 79) hat die Steuerstelle dem Steuerpflichtigen einen Bescheid zu erteilen. Gegen den Bescheid ist nur die Verwaltungsbeschwerde zulässig.[1])

Die Beschwerde hat keine aufschiebende Wirkung.

Zu § 80.

1. Soweit nur die Verwaltungsbeschwerde gegeben ist, ist der sonst nach § 110 RStG. zulässige Rechtsweg ausgeschlossen; vgl. § 110 (unter II).

Die Beschwerde kann bei der Steuerstelle oder der Beschwerdebehörde eingelegt werden; sie ist unbefristet (Popitz PrVerwBl. 38 S. 70). Über die Beschwerde entscheidet in Preußen die Oberzolldirektion, über weitere Beschwerde der Finanzminister. Die Steuerstelle kann der gegen ihren Bescheid erhobenen Beschwerde, die Beschwerdebehörde der weiteren Beschwerde selbst abhelfen (§ 164f Abs. 4 AB.).

§ 81.

Der Steuerpflichtige ist berechtigt, an Stelle der in dem Steuerzeitraum (§ 76 Abs. 1) erfolgten Zahlungen in der Anmeldung den Gesamtbetrag des Entgelts für die in seinem Betriebe während dieses Zeitraums erfolgten Lieferungen [1]) ohne Rücksicht auf die Bezahlung anzugeben und danach die Steuer zu entrichten. [2]) Ist von diesem Rechte einmal Gebrauch gemacht, so kann er hiervon nur mit Genehmigung der Direktivbehörde und unter den von dieser festzusetzenden Bedingungen für einen folgenden Steuerzeitraum abweichen.

Zu § 81.

1. Der Begriff der „Lieferung" ist oben in A. 4 unter III zu Art. II erläutert. Es muß sich also um die zur Erfüllung eines entgeltlichen Warenumsatzgeschäfts erfolgende Warenübergabe handeln, wobei der körperlichen Hingabe die Ersatzmittel der Übergabe gleichstehen. Auch die Lieferung des Kommittenten an den Kommissionär ist, falls die Versteuerungsart des § 81 gewählt wird, steuerpflichtig, denn der Inhalt des Kommissionsgeschäfts selbst bildet bereits ein entgeltliches Warenumsatzgeschäft, so daß es für die Steuerpflicht des Kommittenten einflußlos ist, ob das dem Kommissionär aufgetragene Geschäft zur Ausführung kommt oder nicht. Die Lieferung des Kommissionärs an den Kommittenten ist gleichfalls steuerpflichtige Warenlieferung im Sinne des Gesetzes.

2. Wird von der durch § 81 eingeräumten Befugnis Gebrauch gemacht, so ist für die Steuerberechnung maßgebend der Gesamtbetrag, den der Abnehmer dem Steuerpflichtigen als Bezahlung nach Maßgabe des Vertrags zu leisten verpflichtet ist, ohne Rücksicht darauf, ob und wann die Zahlung wirklich eingeht. Geht die Zahlung später nicht ein, so kann deshalb in einem folgenden Steuerzeitraum ein Abzug nicht gemacht werden. Ist dem Abnehmer die Gewährung eines Skontoabzugs für den Fall der Zahlung innerhalb bestimmter Frist zugestanden, so ist, falls am Ende des Steuerzeitraums noch nicht feststeht, ob die Zahlung innerhalb der Frist erfolgen wird, der volle vereinbarte Preis ohne Abzug des Skontos der Steuerberechnung zugrunde zu legen.

Die Anwendung der Vorschrift in § 81 setzt voraus, daß der Steuerpflichtige in der Lage ist, den tatsächlichen Gesamtbetrag des Entgelts anzugeben auf Grund einer geregelten Buchführung oder sonstiger Unterlagen für eine genaue Berechnung. Eine bloße Schätzung des Gesamtbetrags des Entgelts, wie sie im § 79 für die Zahlungen vorgesehen ist, ist nicht zulässig.

§ 82.

Die Reichs-, Staats- und Gemeindebehörden sind verpflichtet, den Behörden für die Erhebung der nach vorstehenden Vorschriften zu entrichtenden Abgabe auf Ersuchen aus Büchern, Akten, Urkunden usw. Auskunft über die den Warenumsatz der Steuerpflichtigen betreffenden Verhältnisse zu erteilen oder Einsicht in solche Bücher, Akten, Urkunden usw. zu gestatten, die einen Aufschluß hierüber zu geben vermögen.

§ 83.

Die im § 76 bezeichneten Gewerbetreibenden haben ihre Bücher [1]) und die in ihrem Gewerbebetrieb empfangenen Empfangsbekenntnisse [2]) fünf Jahre lang, vom Schlusse des Jahres ab, in welchem die Abgabe entrichtet ist, aufzubewahren. [3])

Zu § 83.

1. Unter Büchern wird man nur die einer ordnungsmäßigen kaufmännischen Buchführung entsprechenden Aufzeichnungen zu verstehen haben, nicht aber bloße Notiz- und Tagebücher, die als „sonstige Unterlagen" im Sinne des § 79 in Betracht kommen können.

2. § 368 BGB. bestimmt: „Der Gläubiger hat gegen Empfang der Leistung auf Verlangen ein schriftliches Empfangsbekenntnis (Quittung) auszustellen." Unter einem Empfangsbekenntnis ist also ganz allgemein eine Bescheinigung über den Empfang einer Leistung zu verstehen, nicht etwa bloß eine Bescheinigung über den Empfang einer Geldzahlung. Vor allem kommen die Bescheinigungen über empfangene Warenlieferungen in Betracht.

3. Strafvorschrift im § 83c Abs. 2.

§ 83a.

Wird für eine Warenlieferung [1]) im Betrage von mehr als einhundert Mark, die nicht im Betrieb eines inländischen Gewerbes (§ 76) erfolgt,[2]) im Inland [3]) Zahlung geleistet, so hat der Empfänger der Zahlung binnen zwei Wochen ein schriftliches Empfangsbekenntnis zu erteilen [4]) und mit eins vom Tausend des Betrags der Zahlung zu versteuern.[5])

Die Vorschriften der Tarifnummer 10 finden entsprechende Anwendung.[6]) Befreit sind Zahlungen für Waren, die im Wege der Zwangsvollstreckung übertragen werden.[7]) Bei Teilzahlungen ist ein versteuertes Empfangsbekenntnis über den Gesamtbetrag der bezahlten Schuld bei der letzten Teilzahlung zu erteilen.[8])

Ist die Entrichtung der Abgabe von dem Empfänger der Zahlung unterlassen worden, so ist die Abgabe vom Empfänger des Empfangsbekenntnisses binnen zwei Wochen nach dem Tage des Empfanges und jedenfalls vor der weiteren Aushändigung des Empfangsbekenntnisses zu entrichten.[9])

Unterbleibt die Ausstellung des Empfangsbekenntnisses,

obgleich eine Verpflichtung dazu bestand, so tritt die Steuerpflicht mit der Zahlung ein.

Zu § 83a.

1. Der Begriff der Warenlieferung ist im § 83a der gleiche wie in Tarifnummer 10 (vgl. das. A. 4 und 13). Irrig ist die Meinung, im Sinne des § 83a sei nur „das zum Verkauf Bestimmte" als Ware anzusehen (DNotV. 1916 S. 554). Unter § 83a fallen namentlich auch Nachlaßverkäufe, gleichviel ob die Veräußerung im Wege des freiwilligen Verkaufs oder der freiwilligen Versteigerung erfolgt. Auf Grund des § 3 d. G. über die Ermächtigung des Bundesrats zu wirtschaftlichen Maßnahmen vom 4. 8. 1914 hat der Bundesrat bestimmt, daß die Abgabe nach § 83a nicht erhoben wird bei der Bezahlung von Goldsachen und Kostbarkeiten durch die zwecks Verstärkung des Goldschatzes der Reichsbank eingerichteten Goldankaufsstellen; in diesen Fällen ist auch die Ausstellung eines schriftlichen Empfangsbekenntnisses über die Zahlung nicht erforderlich (§ 2 d. Bekanntm. v. 14. 11. 16 RGBl. S. 1274).

Die Frage, ob eine Mehrheit von Lieferungen oder eine einzige Warenlieferung vorliegt, wird unter Umständen zu Zweifeln Anlaß geben können. Bei der Entscheidung müssen die wirtschaftliche Natur der Vorgänge und die Verkehrsauffassung maßgebend sein. Jeder wirtschaftlich selbständige, in sich abgeschlossene Umsatz, aber auch nur ein solcher, wird als Warenlieferung anzusehen sein. So bildet der Verkauf des Ertrages einer Treibjagd (vgl. § 76 A. 2) an einen Aufkäufer oder eine Mehrheit von solchen, welche gemeinschaftlich als Käufer auftreten, eine einzige Warenlieferung, mag auch die Abholung des Wildes nach und nach erfolgen; wird das Wild an mehrere selbständige Käufer abgesetzt, so liegen auch mehrere Lieferungen vor. Gibt der Aufkäufer dem jagdberechtigten Verkäufer die Anweisung, nicht an ihn, sondern unmittelbar an seine Abnehmer (Wildhändler usw.) in Teillieferungen zu liefern, so bleibt der Aufkäufer zwar nach Zusatz 4 zu Tarifnummer 10, der entsprechend anwendbar ist (vgl. A. 6), steuerfrei, auf seiten des Jagdberechtigten liegt aber eine einzige Lieferung vor, über deren Bezahlung er, falls der Wert über 100 ℳ beträgt, eine steuerpflichtige Quittung ausstellen muß, mögen auch die einzelnen Teillieferungen an die Abnehmer des Aufkäufers den Wert von 100 ℳ nicht erreichen; denn vermöge des Abkommens mit dem Aufkäufer sind die Teillieferungen für den Jagdberechtigten zu einer wirtschaftlichen Einheit zusammengefaßt.

Darauf, ob die Warenlieferung bereits erfolgt ist oder noch aussteht, kommt es ebenso wie bei der Besteuerung nach § 76 nicht an (vgl. § 76 A. 8).

2. Als Zahlungen für Lieferungen außerhalb eines inländischen Gewerbebetriebs kommen in Betracht:

a) Zahlungen für Lieferungen eines Nichtgewerbetreibenden, insbesondere für Lieferungen beweglicher Sachen von Privatpersonen oder Behörden an Privatpersonen oder Gewerbetreibende;

b) Zahlungen für Lieferungen eines ausländischen Gewerbetreibenden, der im Inland kein stehendes Gewerbe betreibt;

c) Zahlungen für Lieferungen eines inländischen Gewerbetreibenden außerhalb seines Gewerbebetriebs, z. B. Lieferung gebrauchter Wohnungsmöbel seitens eines mit anderen Waren handelnden Kaufmanns. Außerhalb des Gewerbebetriebs der Reichspost- und Telegraphenverwaltung (vgl. § 76 A. 2) liegt der Verkauf von Werkstoffen, Geräten und sonstigen Gegenständen durch die Verwaltung, da der Betrieb die Beförderung von Personen und Sachen zum Gegenstand hat; bei Zahlungen von mehr als 100 ℳ sind also in diesen Fällen Einzelquittungen zu versteuern (Verf. vom 4. 10. 1916, Amtsbl. des Reichspostamts S. 391). Darüber, daß die Veräußerung eines gewerblichen Betriebs im ganzen als außerhalb des Gewerbebetriebs erfolgt anzusehen ist, vgl. oben § 76 A. 9. Über Verkauf des Ertrags der Jagd vgl. § 76 A. 2;

d) Zahlungen, die nach Beendigung eines Gewerbebetriebs bei dem früheren Gewerbetreibenden für Warenlieferungen aus dem aufgelösten Betriebe eingehen.

3. Unter Inland ist hier das Reichsgebiet zu verstehen. Die Schutzgebiete gelten als Ausland im Sinne des RStG. (vgl. RGSt. 44, 403).

Als im Inland erfolgt gilt eine Zahlung, wenn der Geldbetrag oder ein an Zahlungs Statt gegebener Wechsel oder Scheck im Inland ausgehändigt oder wenn der Geldbetrag bei einem ausländischen Kassenhalter (vgl. über den Begriff oben § 76 A. 8) gutgeschrieben wird.

4. Über eine Ausnahme vom Quittungszwang vgl. A. 1 Abs. 1. Die Zuwiderhandlung ist strafbar nach § 83c.

5. Gegenüber dem Fiskus ist in erster Reihe der Empfänger der Zahlung zur Entrichtung der Steuer verpflichtet (über die Haftung des Zahlenden vgl. unten A. 9). Im Verhältnis der Beteiligten zueinander hat nach bürgerlichem Recht, wenn nicht das Gegenteil vereinbart oder aus der Natur des Schuldverhältnisses zu entnehmen ist, der Zahlende die Steuer zu tragen. Dies wird man allerdings aus § 369 BGB., wonach der Schuldner die Kosten der Quittung zu tragen hat nicht folgern können, da § 369 nur die im Interesse des Schuldners auf dessen Verlangen ausgestellte Quittung (vgl. § 368 BGB.) im Auge hat; indessen folgt es aus § 270 BGB., wonach der Schuldner Geldzahlungen im Zweifel auf seine Kosten dem Gläubiger zu übermitteln hat. Unter die in dieser Vorschrift, die nicht nur für Distanzzahlungen, sondern auch im Platzverkehr gilt (RGZ. 78, 137), bezeichneten Kosten der Zahlung fällt auch der Warenumsatzstempel, da das Steuergesetz gerade die Zahlung für Warenlieferung als den steuerpflichtigen Vorgang ansieht. Dies gilt aber nur bei der Versteuerung von Einzelquittungen; über die Abwälzung der Steuer im übrigen vgl. Art. V A. 2.

6. Die Steuer ist auch bei der Einzelquittung in Abstufungen von 10 Pf. für je volle 100 ℳ zu entrichten; eine Quittung über 199 ℳ ist also mit 10 Pf. zu versteuern. Entsprechende Anwendung finden auch die „Zusätze" und Befreiungsvorschriften zu Tarifnummer 10.

7. Der Gerichtsvollzieher, der gepfändete Waren versteigert und den Erlös in Empfang nimmt, braucht also Quittungen nicht auszustellen. Dagegen hat er im Falle der freiwilligen Versteigerung als Nichtgewerbetreibender (KommBer. S. 16), sofern es sich um Waren im Werte von mehr als 100 ℳ handelt,

Einzelquittungen zu erteilen und zu versteuern. Das gleiche gilt im Falle des Pfandverkaufs nach §§ 1233 ff. BGB., gleichviel ob das Pfandrecht durch Rechtsgeschäft bestellt oder kraft Gesetzes entstanden war.

8. Ist die Forderung zum Teil unbeitreiblich, so daß die letzte Teilzahlung ausfällt, so ist eine versteuerte Quittung über den Gesamtbetrag der eingegangenen Teilzahlungen zu erteilen, sobald feststeht, daß weitere Zahlungen nicht mehr zu erwarten sind. Etwa ausgestellte Sonderquittungen über einzelne Teilzahlungen sind nicht steuerpflichtig.

9. Wer für eine nicht im Betrieb eines inländischen Gewerbes erfolgte Warenlieferung im Betrage von mehr als 100 ℳ Zahlung leistet, hat darauf zu achten, daß ihm eine versteuerte Quittung ausgehändigt wird. Ist eine nicht versteuerte Quittung ausgestellt, so hat der Empfänger selbst binnen 2 Wochen nach dem Empfang und jedenfalls vor weiterer Aushändigung des Empfangsbekenntnisses für die Versteuerung Sorge zu tragen. Eine Zuwiderhandlung ist nach § 83c strafbar. Ist die Ausstellung einer Quittung überhaupt unterblieben, so ist die Steuerpflicht für den Zahlungsempfänger an den Zeitpunkt der Zahlung geknüpft; dagegen besteht für den Zahlenden in diesem Falle eine Steuerpflicht nicht, da sie nur dem Empfänger des Empfangsbekenntnisses subsidiär auferlegt ist; er ist also in diesem Falle auch nicht strafbar wenn die Entrichtung der Steuer unterbleibt.

§ 83b.

Die Verpflichtung zur Abgabenentrichtung im Falle des § 83a wird erfüllt durch Verwendung von Vordrucken, die vor dem Gebrauche vorschriftsmäßig abgestempelt sind, oder von Stempelmarken nach näherer Anordnung des Bundesrats.[1])

Dem Bundesrate steht die Bestimmung darüber zu, ob und unter welchen Voraussetzungen die Abgabe ohne Verwendung von Stempelzeichen entrichtet werden kann.

Zu § 83b.

1. Durch § 164k AB. ist bestimmt, daß die Abgabe durch Verwendung von Stempelmarken zu entrichten ist; ein Verkauf amtlich gestempelter Vordrucke zu Empfangsbekenntnissen findet nicht statt. Der Vertrieb der Stempelmarken erfolgt durch die Postanstalten.

§ 83c.

Wer den §§ 76, 77, 79 Abs. 1, 81, 83a zuwiderhandelt[1]) oder über die empfangenen Zahlungen oder Lieferungen (§ 81) wissentlich[2]) unrichtige Angaben macht, hat eine Geldstrafe verwirkt, welche dem zwanzigfachen Betrage der hinterzogenen Abgabe gleichkommt. Kann der Betrag der hinterzogenen Abgabe nicht festgestellt werden, so tritt Geldstrafe von einhundertfünfzig Mark bis dreißigtausend Mark[3]) ein.

Wer der Vorschrift des § 83 zuwiderhandelt, ist mit Geldstrafe bis zu dreitausend Mark zu bestrafen.[4])

Zu § 83c.

1. Zum Nachweis einer Zuwiderhandlung genügt die Feststellung der Tatsachen, die den äußeren (objektiven) Tatbestand der Zuwiderhandlung darstellen. Nach der Seite des inneren Tatbestandes bedarf es einer Prüfung nur in der Richtung, ob aus den Umständen sich ergibt, daß eine Steuerhinterziehung nicht hat verübt werden können oder nicht beabsichtigt war. Gelangt das Gericht zu der Überzeugung, daß diese Feststellung nach den Umständen gerechtfertigt ist, so greift nur die im § 111 RStG. (vgl. unter II) bestimmte Ordnungsstrafe Platz; andernfalls ist die Strafe des § 83c verwirkt. Wenn also der Fall, daß eine Hinterziehung nicht hat verübt werden können, ausscheidet, weil tatsächlich eine Hinterziehung stattgefunden hat, so hängt die Anwendung der Hinterziehungsstrafe nicht von dem Nachweise des Vorhandenseins der Hinterziehungsabsicht ab, sondern umgekehrt die Verhängung der Ordnungsstrafe von der Feststellung des Nichtvorhandenseins dieser Absicht (RGSt. 42, 371).

2. Es genügt die Kenntnis der tatsächlichen Unrichtigkeit der gemachten Angabe; auch hier gilt indessen die Einschränkung, daß, wenn aus den Umständen sich ergibt, daß eine Steuerhinterziehung nicht hat verübt werden können oder nicht beabsichtigt war, nur die im § 111 RStG. bestimmte Ordnungsstrafe zu verhängen ist (vgl. A. 1).

3. Der Mindestbetrag der Geldstrafe ist in diesem Falle 3 ℳ. Umwandlung nicht beitreibbarer Geldstrafen in Freiheitsstrafen findet nicht statt (§ 114 RStG.).

Soweit nicht die im § 83c vorgesehenen Strafen Platz greifen, wird durch eine Zuwiderhandlung gegen die Vorschriften des Gesetzes oder der Ausführungsbestimmungen eine Ordnungsstrafe von 1 bis 150 ℳ verwirkt (§ 111 RStG., abgedruckt unter II).

4. Im § 111 RStG. (abgedruckt unter II) ist § 83c Abs. 2 nicht angeführt; infolgedessen bedarf es zur Verhängung einer Strafe nach Abs. 2 nicht der Prüfung, ob aus den Umständen sich ergibt, daß eine Steuerhinterziehung nicht hat verübt werden können oder nicht beabsichtigt war; es genügt Feststellung des objektiven Tatbestandes.

§ 83d.

Werden Empfangsbekenntnisse gerichtlich oder notariell aufgenommen, so wird für sie durch die im § 83a angeordnete Stempelabgabe die Erhebung der in den Landesgesetzen für gerichtliche oder notarielle Aufnahmen und Beglaubigungen etwa vorgeschriebenen Abgaben nicht ausgeschlossen.[1])

Zu § 83d.

1. Hiernach kann in Preußen nach wie vor erhoben werden der Landesstempel nach Tarifstelle 1 (beglaubigte Abschriften), 10 (Ausfertigungen), 16 (Duplikate), 45 (Notariatsurkunden), 46 (notarielle Zeugnisse), 53 (Protokolle), 77 (amtliche Zeugnisse in Privatsachen) LStG. Für den Fall, daß die Quittung auch die einer reichs- oder landesgesetzlichen Stempelabgabe unterliegende Beurkundung eines

anderen Gegenstandes, z. B. eines Kaufs, enthält, ist neben dem Warenumsatzstempel der durch andere reichs- oder landesgesetzliche Bestimmungen vorgeschriebene Stempel zu entrichten.

Artikel IV.

I. Im § 110 Satz 1 des Reichsstempelgesetzes sind vor den Worten „der Rechtsweg" die Worte einzuschalten: „soweit sich aus § 80 nichts anderes ergibt".[1])

II. Im § 111 Abs. 2 des Reichsstempelgesetzes wird hinter die Zahl „75" eingeschaltet: „83c Abs. 1".[2])

III. Dem § 115 Abs. 1 des Reichsstempelgesetzes werden folgende Vorschriften hinzugefügt:

„Die Erhebung der in den §§ 76 bis 81 angeordneten Abgabe kann von der Landesregierung den Gemeindebehörden gegen Vergütung übertragen werden. Die Vergütung hat der Bundesstaat aus der ihm nach § 122 Abs. 1 zustehenden Erhebungs- und Verwaltungskostenvergütung zu gewähren. Die Landesregierung erläßt die zur Regelung des Geschäftsverkehrs mit der Gemeindebehörde und den Steuerbehörden erforderlichen besonderen Bestimmungen."[3])

IV. 1. An die Stelle des aufgehobenen § 116 Abs. 2 Satz 2 des Reichsstempelgesetzes tritt folgende Vorschrift: „Inwieweit die im § 76 bezeichneten Personen und Gesellschaften der Prüfung in bezug auf die Abgabenentrichtung nach Tarifnummer 10 und nach §§ 76 ff. unterliegen, bestimmt der Bundesrat."[4])

2. Im § 116 Abs. 4 wird das Wort „Geschäfte" durch das Wort „Rechtsvorgänge" ersetzt.

V. Im § 122 Abs. 1 des Reichsstempelgesetzes werden am Schlusse die Worte „aus der Reichskasse gewährt" durch die Worte ersetzt:

„und von der jährlichen Einnahme, welche durch bare Einzahlung der in Tarifnummer 10 angeordneten Abgabe gemäß §§ 76 bis 81 erzielt wird, der Betrag von zehn vom Hundert aus der Reichskasse gewährt.“ [5])

Zu Art. IV.

1. Vgl. A. 1 zu § 110, abgedruckt unter II.
2. Vgl. A. 2 zu § 111, abgedruckt unter II.
3. Vgl. A. 1 zu § 115, abgedruckt unter II.
4. Vgl. A. 1 zu § 116, abgedruckt unter II.
5. Vgl. A. 1 zu § 122, abgedruckt unter II.

Artikel V.

Dieses Gesetz tritt mit dem 1. Oktober 1916 in Kraft. Die in den §§ 76 bis 81 des Reichsstempelgesetzes in der Fassung dieses Gesetzes angeordnete Abgabe ist erstmalig für die in die Zeit vom Inkrafttreten dieses Gesetzes bis zum 31. Dezember 1916 fallenden Zahlungen zu entrichten.[1])

Sind für Lieferungen aus Verträgen, die vor dem Inkrafttreten dieses Gesetzes abgeschlossen sind, Zahlungen nach diesem Zeitpunkt zu leisten, so ist der Abnehmer mangels abweichender Vereinbarung verpflichtet, dem Lieferer einen Zuschlag zum Preise in Höhe der auf diese Zahlungen entfallenden Steuer zu leisten. Dieser Preiszuschlag bildet keinen Grund zur Vertragsaufhebung.[2])

Zu Art. V.

1. In der erstmaligen Anmeldung, die binnen 30 Tagen nach dem 31. Dezember 1916 zu erfolgen hat, haben die Steuerpflichtigen den gesamten Betrag ihres Warenumsatzes im Kalenderjahr 1916 sowie den steuerpflichtigen Betrag ihres Warenumsatzes im vierten Viertel dieses Kalenderjahrs anzugeben (vgl. Muster 29a und b der AB., abgedruckt unter III). Zahlungen, die nach dem

30. September 1916 geleistet sind, sind auch dann als steuerpflichtig in die Anmeldung aufzunehmen, wenn sie für vor dem 1. Oktober 1916 gelieferte Waren erfolgt sind, denn der Vorgang, an den die Steuerpflicht anknüpft, ist die Zahlung für den Warenumsatz, nicht die Warenlieferung selbst.

2. Bei Verträgen, die nach dem 1. Oktober 1916 geschlossen sind, kann Erstattung der Steuer vom Abnehmer nur auf Grund besonderer Vereinbarung verlangt werden. Die Vorschrift in Art. V Abs. 3 hat nur für die Übergangszeit Bedeutung; sie soll es dem Verkäufer auch bei zur Zeit des Inkrafttretens des Gesetzes laufenden Verträgen ermöglichen, die Abgabe auf den Abnehmer abzuwälzen. Die Verpflichtung des Abnehmers, den Zuschlag zum Preise in Höhe der auf seine Zahlung entfallenden Steuer zu leisten, tritt kraft Gesetzes ein, welches insoweit die Parteivereinbarung ersetzt, sofern nicht gerade für diesen Fall die Parteien etwas anderes verabredet hatten. Da es sich also um eine gesetzliche, nicht auf Parteivereinbarung beruhende Verpflichtung handelt, tritt die Verpflichtung des Abnehmers auch dann ein, wenn für die Ware gesetzlich ein absolut bestimmter Preis festgesetzt war oder wenn für die Ware ein Höchstpreis gesetzlich bestimmt und zu diesem Preise verkauft war. Daraus folgt aber nicht, daß auch der nach dem 1. Oktober 1916 weiter veräußernde Abnehmer einen den absolut bestimmten oder den Höchstpreis überschreitenden Preis von seinem Abnehmer verlangen darf.

Urkundlich unter Unserer Höchsteigenhändigen Unterschrift und beigedrucktem Kaiserlichen Insiegel.

Gegeben Großes Hauptquartier, den 26. Juni 1916.

(Siegel) **Wilhelm**

von Bethmann Hollweg

II. Allgemeine Bestimmungen (Abschn. XII) des Reichsstempelgesetzes.

Vom 3. Juli 1913.

(RGBl. S. 639.)

---

§ 107.

Der Bundesrat erläßt die Anordnungen wegen der Anfertigung und des Vertriebs der nach Maßgabe dieses Gesetzes zu verwendenden Stempelmarken und gestempelten Formulare sowie die Vorschriften über die Form der Schlußnoten und über die Art der Verwendung der Marken. Er stellt die Bedingungen fest, unter welchen für verdorbene Marken und gestempelte Vordrucke, für abhandengekommene oder vernichtete Scheckvordrucke sowie für Stempel auf verdorbenen Wertpapieren Erstattung zulässig ist.[1])

Zu § 107.

1. Anfertigung und Vertrieb der nach § 83a zu verwendenden Stempelmarken sind durch § 164k AB. (abgedruckt unter III) geordnet, die Art der Verwendung durch § 164l AB. Der Ersatz verdorbener Stempelmarken findet bei den mit deren Vertrieb beauftragten Postanstalten statt (§ 210 Abs. 8 AB.).

§ 108.

Stempelmarken, welche nicht in der vorgeschriebenen Weise verwendet worden sind, werden als nicht verwendet angesehen.

§ 109.

Der Anspruch auf Zahlung der nach diesem Gesetze zu entrichtenden Abgaben unterliegt der Verjährung.

Auf die Verjährung finden die Vorschriften des Bürgerlichen Gesetzbuchs und des Artikel 169 des Einführungsgesetzes zum Bürgerlichen Gesetzbuch mit folgenden Maßgaben Anwendung:

Die Verjährungsfrist beträgt fünf Jahre.

Die Verjährung beginnt, unbeschadet der Vorschrift des § 201 Satz 2 des Bürgerlichen Gesetzbuchs, in dem Falle des § 10 Abs. 1 mit dem Schlusse des Jahres, in dem die Vorlegung der Wertpapiere bei der Steuerstelle erfolgt, in den übrigen Fällen mit dem Schlusse des Jahres, in dem der Anspruch fällig wird.

Die Verjährung wird auch unterbrochen durch eine an den Zahlungspflichtigen erlassene Aufforderung zur Zahlung oder durch die Bewilligung einer von ihm nachgesuchten Stundung. Wird die Verjährung unterbrochen, so beginnt eine neue Verjährung nicht vor dem Schlusse des Jahres, in welchem der für die Beendigung der Unterbrechung maßgebende Zeitpunkt eintritt, und im Falle der Bewilligung einer Stundung nicht vor dem Schlusse des Jahres, in welchem die bewilligte Frist abläuft.

§ 110.

In Beziehung auf die Verpflichtung zur Entrichtung der in diesem Gesetze festgestellten Abgaben ist, soweit sich aus § 80 nichts anderes ergibt, der Rechtsweg zulässig.[1]) Die Klage ist bei Verlust des Klagerechts binnen sechs Monaten nach erfolgter Beitreibung oder mit Vorbehalt [2]) geleisteter Zahlung zu erheben.[3]) Für die Berechnung dieser Frist sind die Bestimmungen der Zivilprozeßordnung maßgebend.[4]) Zuständig sind ohne Rücksicht auf den Wert des Streitgegenstandes die Landgerichte. Soweit bei denselben Kammern für Handelssachen bestehen, gehört der Rechtsstreit vor diese. Die Revision sowie die Beschwerde[5]) gegen Entscheidungen der Oberlandesgerichte geht an das Reichsgericht.

Zu § 110.

1. Gegen die von der Steuerbehörde bei Betriebsinhabern ohne geregelte Buchführung, denen auch sonstige Unterlagen für die genaue Berechnung des Gesamtbetrags der anzumeldenden Zahlungen fehlen, vorgenommene, von der Schätzung des Betriebsinhabers abweichende Schätzung findet nur die Verwaltungsbeschwerde statt (vgl. § 80 A. 1). Der von der Steuerbehörde erlassene, gegebenenfalls der auf Beschwerde ergangene Bescheid ist auch in einem Rechtsstreit über die Verpflichtung zur Steuerentrichtung für die Höhe der Abgabe schlechthin maßgebend. Hängt die Verpflichtung zur Steuerentrichtung von der Entscheidung der Frage ab, ob der Jahresumsatz mehr als 3000 ℳ beträgt (vgl. § 78), so wird, falls das Schätzungsverfahren (vgl. § 79 A. 1) Platz greift, auch über die Verpflichtung nicht im Rechtswege, sondern auf dem im § 80 geregelten Wege entschieden.

Neben dem Rechtsweg und sogar noch nach dessen rechtskräftiger Erledigung ist stets auch die fristlose Aufsichtsbeschwerde gegeben (Popitz PrVerwBl. 38 S. 70). Über Anträge auf Erstattung einer zu Unrecht erhobenen Abgabe entscheidet die Direktivbehörde. Zum Erlaß der Abgabe aus Billigkeitsgründen ist nur der Bundesrat zuständig.

2. Der Vorbehalt braucht, um wirksam zu sein, nicht ausdrücklich erklärt zu werden; es genügt, daß der Schuldner irgendwie zu erkennen gibt, daß er die Zahlungspflicht bestreitet. Eine solche Willenserklärung kann auch schon vor der Zahlung abgegeben werden (RGZ. 79, 140).

3. Nach ständiger Rechtsprechung des Reichsgerichts ist für die Klage auf Rückzahlung einer zu Unrecht erhobenen Reichsstempelabgabe als der richtige Beklagte nicht der Reichsfiskus anzusehen, sondern der Fiskus des Bundesstaats, der die Abgabe kraft Gesetzes einzuziehen hatte und eingezogen hat (RGZ. 76, 15). In Preußen wird der Fiskus durch die Oberzolldirektionen vertreten.

4. Unter Berechnung der Frist ist nur die Berechnung im engeren Sinne, also die bloß ziffer- und rechnungsmäßige Feststellung des Endes der Frist nach § 222 ZPO. zu verstehen; dagegen findet die Bestimmung, daß der Lauf einer Frist durch die Gerichtsferien gehemmt wird, auf die hier in Rede stehende materiellrechtliche Frist keine Anwendung (vgl. RGZ. 68, 55).

5. Nach dem Gesetz vom 22. Mai 1910 ist gegen die Entscheidungen der Oberlandesgerichte eine Beschwerde nicht zulässig; die Vorschrift des letzten Satzes ist also, soweit sie sich auf die Beschwerde bezieht, gegenstandslos.

§ 111.

Zuwiderhandlungen gegen die Vorschriften dieses Gesetzes oder gegen die zu dessen Ausführung erlassenen Vorschriften, die im Gesetze mit keiner besonderen Strafe belegt sind, ziehen eine Ordnungsstrafe bis zu einhundertfünfzig Mark nach sich.[1])

Dieselbe Strafe tritt ein, wenn in den Fällen der §§ 9, 11, 31, 39, 49, 57, 70, 75, 83c Abs. 1, 94 und 103 aus den Umständen sich ergibt, daß eine Steuerhinterziehung nicht hat verübt werden können oder nicht beabsichtigt worden ist.[2])

Zu § 111.

1. Ein Verschulden des Täters braucht nicht vorzuliegen. Mindestbetrag der Geldstrafe ist eine Mark. Umwandlung in Freiheitsstrafe findet nicht statt.

2. Die Bestimmung in Abs. 2 hat die Bedeutung einer gesetzlichen Beweisregel. Das Gericht soll die Hinterziehungsstrafe festsetzen und deshalb ohne weiteres annehmen, daß der Angeklagte mit der Absicht der Steuerhinterziehung gehandelt habe, wenn es nicht bei der von ihm von Amts wegen zu bewirkenden Prüfung und Feststellung des Sachverhalts zu der Überzeugung gelangt, daß dem Angeklagten die Absicht der Hinterziehung gefehlt habe: den Angeklagten trifft bezüglich seines guten Glaubens keine Be-

weislast (RGSt. 42, 253). Auch der Irrtum über die Stempelpflichtigkeit schließt die Verhängung der Hinterziehungsstrafe aus ohne Rücksicht darauf, ob er ein tatsächlicher im Sinne des § 59 StGB. oder ein strafrechtlicher Irrtum ist, denn im Falle des Irrtums über die Stempelpflichtigkeit, gleichviel ob der Irrtum entschuldbar ist oder nicht, ist die Absicht der Stempelhinterziehung ausgeschlossen (RG. a. a. O.).

§ 112.

Die auf Grund dieses Gesetzes zu verhängenden Strafen sind bei Genossenschaften und Aktiengesellschaften gegen die Vorstandsmitglieder, bei Kommanditgesellschaften gegen die persönlich haftenden Gesellschafter, bei offenen Handelsgesellschaften gegen die Gesellschafter nur im einmaligen Betrage, jedoch unter Haftbarkeit jedes einzelnen als Gesamtschuldner festzusetzen. Ebenso ist in anderen Fällen zu verfahren, in denen bei einem Geschäfte mehrere Personen als Vertreter desselben Kontrahenten oder als gemeinschaftliche Kontrahenten beteiligt sind.

Auf die Verhängung der im § 32 vorgeschriebenen Rückfallsstrafe finden diese Bestimmungen keine Anwendung.

§ 113.

Hinsichtlich des administrativen Strafverfahrens wegen der Zuwiderhandlungen gegen dieses Gesetz, der Strafmilderung und des Erlasses der Strafe im Gnadenwege, der Vollstreckung der Strafe sowie der Verjährung der Strafverfolgung finden die Vorschriften in §§ 23, 24 des Wechselstempelgesetzes vom 15. Juli 1909 sinngemäße Anwendung.[1]) Die auf Grund des gegenwärtigen Gesetzes erkannten Geldstrafen fallen dem Fiskus desjenigen Staates zu, von dessen Behörden die Strafentscheidung erlassen ist. Ist der Betrag der hinterzogenen oder vorenthaltenen Abgabe nicht zu ermitteln, so ist von dem Betrage der Geldstrafe der fünfte Teil an Stelle des nicht festgestellten Abgabebetrags an die Reichskasse abzuführen.

Ein im Strafverfahren eingegangener Geldbetrag ist zunächst auf die Steuer zu verrechnen.

Zu § 113.

1. Die §§ 23 und 24 des Wechselstempelgesetzes lauten:

„§ 23. Die Strafverfolgung von Hinterziehungen des Wechselstempels (§ 18) verjährt in fünf Jahren, von anderen Zuwiderhandlungen (§ 20) in einem Jahre.

Die Verjährung beginnt mit dem Schlusse des Jahres, in welchem der Wechsel fällig geworden ist.

Wird die Verjährung unterbrochen, so beginnt eine neue Verjährung nicht vor dem Schlusse des Jahres, in welchem die Unterbrechung stattgefunden hat.

§ 24. Hinsichtlich des Verwaltungsstrafverfahrens, der Strafmilderung und des Erlasses der Strafe im Gnadenwege sowie hinsichtlich der Strafvollstreckung kommen die Vorschriften zur Anwendung, nach welchen sich das Verfahren wegen Vergehen gegen die Zollgesetze — in den von der gemeinschaftlichen Zollgrenze ausgeschlossenen Bezirken aber das Verfahren wegen Vergehen gegen die Stempelgesetze — bestimmt.

Die in den §§ 18, 20 vorgeschriebenen Geldstrafen fallen dem Fiskus desjenigen Staates zu, von dessen Behörden die Strafentscheidung erlassen ist."

§ 114.

Die Verwandlung einer Geldstrafe, zu deren Zahlung der Verpflichtete unvermögend ist, in eine Freiheitsstrafe findet nicht statt. Auch darf zur Beitreibung von Geldstrafen ohne Zustimmung des Verurteilten, wenn dieser ein Deutscher ist, kein Grundstück subhastiert werden.

§ 115.

Unter den in diesem Gesetz erwähnten Behörden und Beamten sind, soweit das Gesetz nichts anderes bestimmt, die betreffenden Landesbehörden und Landesbeamten verstanden. Die Erhebung der in den §§ 76 bis 81 angeordneten Abgabe kann von der Landesregierung den Gemeindebehörden gegen Vergütung übertragen werden. Die Vergütung hat der Bundesstaat aus der ihm nach § 122 Abs. 1 zustehenden Erhebungs- und Verwaltungskostenvergütung zu gewähren. Die Landesregierung erläßt die zur Regelung des Geschäftsverkehrs mit der Gemeindebehörde und den Steuerbehörden erforderlichen besonderen Bestimmungen.[1]

Welche dieser Behörden und Beamten die in dem Gesetz als zuständig bezeichneten sind, bestimmen, sofern das Gesetz nichts anderes verfügt, die Landesregierungen.

Den letzteren liegt auch die Kontrolle über die betreffenden Behörden und Beamten ob.

Zu § 115.

1. In Preußen ist die Verordnung zur Ausführung des Reichsgesetzes über einen Warenumsatzstempel vom 9. Oktober 1916 (GS. S. 133) ergangen, welche lautet:

„Wir Wilhelm, von Gottes Gnaden König von Preußen usw., verordnen auf Grund des Artikel 63 der Verfassungsurkunde für den preußischen Staat vom 31. Januar 1850 (Gesetzsamml. S. 17) und auf Antrag Unseres Staatsministeriums, was folgt:

§ 1. Der Warenumsatzstempel (Tarifnummer 10, §§ 76 bis 83 des Reichsstempelgesetzes in der Fassung des Gesetzes über einen Warenumsatzstempel vom 26. Juni 1916 — Reichs-Gesetzbl. S. 639 —) wird

1. in den Stadtgemeinden durch den Gemeindevorstand,

2. in den Landgemeinden und in den Gutsbezirken durch den Kreisausschuß

verwaltet und erhoben.

Für Stadtgemeinden mit weniger als 2000 Einwohnern hat die Verwaltung und Erhebung auf ihren Antrag durch den Kreisausschuß zu erfolgen.

Auf Antrag von Landgemeinden mit mehr als 5000 Einwohnern ist die Verwaltung und Erhebung durch den Kreisausschuß dem Gemeindevorstande zu überweisen.

Für die Bevölkerungszahl ist das Ergebnis der jeweilig letzten Volkszählung maßgebend.

§ 2. Direktivbehörden sind die Oberzolldirektionen.

§ 3. Die Abgabe ist, falls sie von dem Kreisausschusse erhoben wird, an die Kreiskommunalkasse, in allen anderen Fällen an die Gemeindekasse zu zahlen. Der dem Reiche und dem Staate zustehende Betrag ist nach Bestimmung des Finanzministers abzuführen.

§ 4. Von dem nach § 122 des Reichsstempelgesetzes in der Fassung des Gesetzes über einen Warenumsatzstempel vom 26. Juni 1916 (Reichs-Gesetzbl. S. 639) aus der Reichskasse gewährten Betrage von 10 vom Hundert der Abgabe erhalten:

1. der Staat 2 vom Hundert;
2. die Kreise und Gemeinden nach Maßgabe des § 5 8 vom Hundert.

§ 5. Von den in § 4 Nr. 2 bezeichneten 8 vom Hundert erhalten die gemäß § 1 mit der Verwaltung und Erhebung der Abgabe betrauten Kreise oder Gemeinden 2 vom Hundert.

Die Verteilung der übrigen 6 vom Hundert erfolgt unter die Gemeinden, in denen ein Gewerbebetrieb im Sinne des § 76 des Reichsstempelgesetzes stattfindet, nach Maßgabe folgender Bestimmungen:

1. Der Verteilung wird der Ertrag, und wenn ein solcher nicht erzielt ist, das Anlage- und Betriebskapital des abgabepflichtigen Gewerbebetriebes zugrunde gelegt.

Der Ertrag wird unter sinngemäßer Anwendung der Vorschriften des Gewerbesteuergesetzes vom 24. Juni 1891 (Gesetzsamml. S. 205) und der §§ 32 Abs. 2, 47, 48 und 48a des Kommunalabgabengesetzes vom 14. Juli 1893 (Gesetzsamml. S. 152) ermittelt und auf die Gemeinden verteilt. Auf die Feststellung des Anlage- und Betriebskapitals findet der § 23 des Gewerbesteuergesetzes vom 24. Juni 1891 sinngemäße Anwendung.

2. Abgabebeträge unter 100 Mark und die bei der Verteilung nach Nr. 1 im einzelnen Falle sich ergebenden Teilbeträge unter 5 Mark verbleiben den mit der Verwaltung und Erhebung betrauten Kreisen oder Gemeinden.

3. Würde nach der Vorschrift unter Nr. 1 ein Gutsbezirk beteiligt sein, so erhält den auf ihn entfallenden Betrag der Kreis.

4. Über die Verteilung beschließt auf den Antrag einer beteiligten Gemeinde oder eines beteiligten Kreises (vergl. Nr. 3) der Kreisausschuß und, wenn ein Kreis, die Stadt Berlin oder eine andere Stadtgemeinde in Betracht kommen, der Bezirksausschuß nach Anhörung sämtlicher Beteiligten.

Gegen den Beschluß des Kreisausschusses steht den beteiligten Kreisen und Gemeinden die Beschwerde an den Bezirksausschuß zu. Gegen den in erster Instanz ergehenden Beschluß des Bezirksausschusses geht die Beschwerde an den Provinzialrat. Ist im Falle der Beteiligung der Stadt Berlin der dortige Bezirksausschuß für zuständig erklärt worden (Abs. 4), so ist die Beschwerde bei dem Minister des Innern einzulegen, der einen Provinzialrat für die Beschlußfassung bestimmt.

Die örtliche Zuständigkeit der Beschlußbehörden erster Instanz bestimmt sich nach § 71 Abs. 4 des Kommunalabgabengesetzes.

§ 6. In den Hohenzollernschen Landen tritt an die Stelle des Kreises der Amtsverband, an die Stelle des Kreisausschusses der Amtsausschuß.

§ 7. Diese Verordnung tritt mit dem 1. Oktober 1916 in Kraft."

Über das Verfahren bei Erhebung des Warenumsatzstempels vgl. Popitz PrVerwBl. 38 S. 65 ff.

§ 116.

Die in den einzelnen Bundesstaaten mit der Beaufsichtigung des Stempelwesens beauftragten Behörden und Beamten haben die ihnen obliegenden Verpflichtungen mit den gleichen Befugnissen, wie sie ihnen hinsichtlich der nach den Landesgesetzen zu entrichtenden Stempelabgaben zustehen, auch hinsichtlich der in diesem Gesetze bestimmten Abgaben wahrzunehmen.

Der Prüfung in bezug auf die Abgabenentrichtung unterliegen die in Tarifnummer 1 bezeichneten Gesellschaften usw. und alle diejenigen, welche abgabepflichtige Geschäfte der in Nummer 4 des Tarifs bezeichneten Art oder die Beförderung von Gütern oder Personen (Nummer 6 und 7 des Tarifs) gewerbsmäßig betreiben oder vermitteln oder Versicherungen (Nr. 12 des Tarifs) übernehmen oder vermitteln oder ermächtigt sind, für den Versicherer Zahlungen entgegenzunehmen. Inwieweit die in § 76 bezeichneten Personen und Gesellschaften der Prüfung in bezug auf die Abgabenentrichtung nach Tarifnummer 10 und nach §§ 76 ff. unterliegen, bestimmt der Bundesrat.[1]

Den revidierenden Beamten sind alle bezüglichen Schriftstücke und erforderlichenfalls auch die Geschäftsbücher zur Einsicht vorzulegen.

Von anderen als den im Abs. 2 bezeichneten Personen kann die Steuerdirektivbehörde[2] die Einreichung der auf bestimmt zu bezeichnende abgabepflichtige Rechtsvorgänge bezüglichen Schriftstücke verlangen.

Zu § 116.

1. Die Bestimmung ist im § 218 AB. (abgedruckt unter III) getroffen. Regelmäßige Prüfungen finden bei Personen und Gesell-

schaften, für welche eine Stempelpflicht nur nach Tarifnummer 10 besteht, nicht statt.

2. Steuerdirektivbehörde ist in Preußen die Oberzolldirektion (§ 2 der Verordnung vom 9. Oktober 1916, vgl. oben § 115 A. 1).

§ 117.

Außerdem haben die Reichsbehörden, die Behörden und Beamten der Bundesstaaten und Kommunen, die von Handelsvorständen eingesetzten Sachverständigenkommissionen und Schiedsgerichte sowie die Notare die Verpflichtung, die Besteuerung der ihnen vorkommenden Urkunden zu prüfen und die zu ihrer Kenntnis gelangenden Zuwiderhandlungen gegen dieses Gesetz bei der zuständigen Behörde zur Anzeige zu bringen.

§ 118.

Der Bundesrat ordnet an, in welchen Fällen bei administrativen Straffestsetzungen Sachverständige zu hören sind; solche sind, wo Handelsvorstände bestehen, von diesen zu bezeichnen.

Die Handelsvorstände können unter Berücksichtigung der besonderen Verhältnisse und Gewohnheiten ihres Bezirkes zum Zwecke der Durchführung des Gesetzes und Sicherung der Entrichtung der Abgaben reglementarische Anordnungen erlassen; letztere bedürfen der Zustimmung der Landesregierungen.

§ 119.

Bezüglich der Vollstreckbarkeit und des Vollstreckungsverfahrens werden die Reichsstempelabgaben den Landesabgaben gleich geachtet.

§ 120.

Die Reichsbevollmächtigten für Zölle und Steuern und die ihnen unterstellten Aufsichtsbeamten haben in bezug auf die Ausführung dieses Gesetzes dieselben Rechte und Pflichten wie bezüglich der Erhebung und Verwaltung der Zölle.

In denjenigen Staaten, in welchen die bezeichneten Geschäfte anderen Behörden als den Zollbehörden übertragen sind, werden der Umfang und die Art der Tätigkeit der Reichsaufsichtsbeamten vom Reichskanzler im Einvernehmen mit der beteiligten Bundesregierung geregelt.

Unter Zustimmung des Bundesrats kann der Reichskanzler die Wahrnehmung der Geschäfte der Reichsaufsichtsbeamten, soweit die Ausführung dieses Gesetzes in Betracht kommt, anderen Beamten übertragen.

§ 121.

Die Kassen des Reichs sind von der Entrichtung der durch dieses Gesetz unter Tarifnummer 1 B, C 2, 3 angeordneten Abgaben befreit.

Andere subjektive Befreiungen finden, soweit nicht ausdrücklich Ausnahmen angeordnet sind, nicht statt.

Wegen der Entschädigung für die Aufhebung solcher Befreiungen, welche etwa auf lästigen Privatrechtstiteln beruhen, sowie wegen der Erstattung der von solchen Berechtigten entrichteten Stempelbeträge, kommen die entsprechenden Bestimmungen des Gesetzes, betreffend die Wechselstempelsteuer (§ 26 Abs. 2 bis 4), zur Anwendung.

§ 122.

Jedem Bundesstaate wird von der jährlichen Einnahme, welche in seinem Gebiet aus dem Verkaufe von Stempelmarken oder gestempelten Blanketts oder durch bare Einzahlung von Reichsstempelabgaben erzielt wird, mit Ausnahme der Steuer von Losen der Staatslotterien, der Betrag von zwei Prozent und von der jährlichen Einnahme, welche durch bare Einzahlung der in Tarifnummer 10 angeordneten Abgabe gemäß §§ 76 bis 81 erzielt wird, der Betrag von zehn vom Hundert aus der Reichskasse gewährt.[1]

Außerdem wird aus dem in dem einzelnen Bundesstaat aufgekommenen Ertrage der Abgabe nach den Tarifnummern 1 A, 12 diesem Bundesstaate bis zum 31. März 1915 die Durchschnittseinnahme vergütet, welche in den letzten drei Jahren vor Inkrafttreten des Gesetzes aus den durch § 7 Abs. 1, § 105 Abs. 1 aufgehobenen Abgaben erzielt ist. Die näheren Anordnungen über die Feststellung der Durchschnittseinnahme und die Verrechnung dieses Entschädigungsbetrags trifft der Bundesrat.

Zu § 122.

1. In Preußen erhält von diesen 10 % der Staat 2 %, die Kreise und Gemeinden behalten 8 %. Über die Verteilung der den Kreisen und Gemeinden zufallenden 8 % vgl. § 5 der Verordnung vom 9. Oktober 1916 (abgedruckt oben § 115 A. 1).

§ 123.

Der Ertrag der Abgaben fließt nach Abzug

1. der auf dem Gesetz oder auf allgemeinen Verwaltungsvorschriften beruhenden Steuererlasse und Steuererstattungen,
2. der nach Vorschrift des § 122 zu berechnenden Erhebungs- und Verwaltungskosten

in die Reichskasse.

III. Ausführungsbestimmungen.

Änderungen der Ausführungsbestimmungen zum Reichsstempelgesetz in der Fassung des Gesetzes über einen Warenumsatzstempel vom 26. Juni 1916 (RGBl. S. 639).

(Vom Bundesrat am 7. September 1916 beschlossen, als Anlage 2 der Bekanntmachung des Reichskanzlers vom 8. September 1916 im RZBl. 1916 S. 250 veröffentlicht und mit dem 1. Oktober 1916 in Kraft getreten.)

I. Der Abschnitt X §§ 158 bis 164 wird durch folgende Bestimmungen ersetzt:

X. Warenumsätze.

Zur Tarifnummer 10 Befreiung 2.

1. Abgabenbefreiung für ausländische zollfreie Waren.

§ 158.

(1) Lieferungen ausländischer zollfreier Waren sind von der Abgabe befreit, wenn die Waren aus dem Zollausland oder aus dem gebundenen Verkehre des Zollinlandes geliefert werden. Bei vom Ausland eingehenden zollfreien Waren, die sich zur Zeit der Veräußerung auf dem Wege nach ihrem ersten inländischen Bestimmungsorte befinden, wird die Befreiung nicht dadurch ausgeschlossen, daß die Veräußerung nach erfolgter zollfreier Abfertigung geschieht.

(2) Nach einem deutschen Seehafenplatz aus dem Ausland eingegangene zollfreie Waren sind von der Abgabe ferner befreit, wenn die Lieferung aus dem Einfuhr-Seehafenplatz erfolgt. Die Befreiung fällt weg, wenn die Ware vor ihrer Lieferung durch Bearbeitung oder Verarbeitung eine Beschaffenheit erhalten hat, die sie bei ihrer Einfuhr zollpflichtig gemacht haben würde, oder wenn die Lieferung aus einem Kleinhandelsbetrieb erfolgt.

(3) Als Seehafenplatz, nach dem die Ware aus dem Ausland eingegangen ist, ist der Seehafenplatz anzusehen, von dem aus die Ware erstmalig geliefert wird.

(4) Auf Antrag kann die oberste Landesfinanzbehörde den deutschen Seehafenplätzen im Sinne des Abs. 2 andere inländische Lager unter der Bedingung gleichstellen, daß die Ware ohne andere Zwischenlagerung als in einem Zollager oder im Einfuhr-Seehafenplatz und ohne daß ein Zwischenumsatz stattgefunden hat, aus dem Ausland nach dem Lager gebracht und die Festhaltung der ausländischen Eigenschaft der Ware bei der Aufnahme und während der Lagerung sichergestellt wird. Abs. 2 Satz 2 gilt auch hier.

Zu §§ 76 bis 83d des Gesetzes.

2. Steuerstellen und Direktivbehörden.

§ 159.

Die zur Erhebung der Abgabe von Warenumsätzen nach § 1 Abs. 1 von den Bundesregierungen bestimmten Stellen (Steuerstellen) und ihre Oberbehörden (Direktivbehörden) sowie die nach § 115 Abs. 1 letzter Satz des Gesetzes getroffenen Bestimmungen sind dem Reichskanzler (Reichsschatzamt) mitzuteilen.

3. Anmeldung.

§ 160.

(1) Zu der im § 76 des Gesetzes vorgeschriebenen Anmeldung sind amtliche Vordrucke zu verwenden. Als Anleitung für einen solchen Vordruck dient Muster 29a.

(2) Die Anmeldung hat von juristischen Personen bei der Steuerstelle zu erfolgen, in deren Bezirk sie ihren Sitz haben. Bei Firmen, die im Handelsregister eingetragen sind, Gesellschaften und Vereinen des bürgerlichen Rechtes, soweit sie nicht juristische Personen sind, ist der Ort der Niederlassung, bei mehreren Niederlassungen der Ort der Hauptniederlassung maßgebend. Im übrigen ist die Steuerstelle des Wohnorts des Steuerpflichtigen zuständig. Die zuständige Steuerstelle wird für staatliche Betriebe durch die oberste Landesfinanzbehörde des Bundesstaats, der den Betrieb führt, für Reichsbetriebe im Einvernehmen mit dem Reichskanzler (Reichsschatzamt) durch die oberste Landesfinanzbehörde des Bundesstaats, in dem der Betrieb geführt wird, bestimmt.

(3) Befindet sich der Sitz des Unternehmens oder der Hauptniederlassung im Ausland oder hat der Steuerpflichtige im Inland keinen Wohnsitz, so ist der Ort des Betriebs maßgebend. Das gleiche gilt, wenn der Steuerpflichtige mehrere Wohnsitze im Inland hat oder wenn der Betrieb mehreren Personen mit verschiedenem Wohnsitz gehört. Sind in diesen Fällen mehrere Betriebe an verschiedenen Orten vorhanden, so kann auf Antrag die einheitliche Anmeldung bei einer der Steuerstellen gestattet werden. Über den Antrag entscheidet die oberste Landesfinanzbehörde und, wenn die Steuerstellen verschiedenen Bundesstaaten angehören, der Bundesrat.

(4) Bestehen zwischen mehreren Bundesstaaten Mei-

nungsverschiedenheiten über ihre Zuständigkeit, so bestimmt auf Anrufen eines dieser Bundesstaaten der Bundesrat den für die Erhebung der Steuer zuständigen Staat.

(5) Die Landesregierung kann bestimmen, daß die Anmeldung auch mündlich bei der Steuerstelle erfolgen kann. In diesem Falle ist der Vordruck von dieser den Angaben des Steuerpflichtigen entsprechend auszufüllen und von dem Steuerpflichtigen und dem Beamten der Steuerstelle zu unterschreiben.

(6) Die Anmeldung ist innerhalb der gesetzlichen Frist einzureichen. Eine Verlängerung der Anmeldungsfrist ist nur in Fällen besonderen Bedürfnisses zulässig. Der Antrag ist in jedem Falle bei der Steuerstelle zu stellen. Verlängerungen von nicht mehr als einem Monat kann diese selbständig bewilligen, in anderen Fällen ist die Entscheidung der Direktivbehörde einzuholen.

4. Öffentlicher Hinweis auf die Anmeldungspflicht.

§ 161.

Zwischen dem 8. und 15. Dezember jedes Jahres haben die Steuerstellen oder ihre Oberbehörde unter Angabe der Hebebezirke die Steuerpflichtigen zur Anmeldung ihres steuerpflichtigen Umsatzes und zur Entrichtung der Abgabe durch öffentliche Bekanntmachung in den für amtliche Bekanntmachungen der unteren Verwaltungsbehörden bestimmten Tageszeitungen aufzufordern. Die oberste Landesfinanzbehörde kann anordnen, daß die Aufforderung außerdem in sonst ortsüblicher Weise bekanntgemacht wird. In der Aufforderung ist anzugeben, wo Vordrucke zu Anmeldungen zur Abgabe an Steuerpflichtige bereitgehalten werden. Als Anleitung für eine solche Bekanntmachung dient Muster 29b.

5. Zustellung von Anmeldungsvordrucken.

§ 162.

Die oberste Landesfinanzbehörde kann bestimmen, daß im Laufe des Dezember die Steuerstellen den in die Steuerrolle (§ 163) eingetragenen Umsatzsteuerpflichtigem einen Anmeldungsvordruck kostenfrei zuzustellen haben.

6. Steuerrolle.

§ 163.

(1) Bei jeder Steuerstelle ist über die in ihrem Bezirk ansässigen Personen und Gesellschaften, welche nach Art und Umfang ihres Gewerbebetriebs für die Entrichtung der Abgabe in Betracht kommen, eine Steuerrolle zu führen. Die Steuerrolle dient zur Überwachung der Anmeldungen und der Entrichtung der Abgabe.

(2) Die Landesregierungen werden die Behörden, welche über die für die Entrichtung der Abgabe vermutlich in Betracht kommenden Personen und Gesellschaften Auskunft geben können, unter Hinweis auf § 82 des Gesetzes anweisen, den für ihren Bezirk zuständigen Steuerstellen Listen über diese Personen und Gesellschaften bis spätestens Ende November, erstmalig bis Ende November 1916, zu übersenden. Für die folgenden Jahre brauchen sich diese Listen nur auf Zu- und Abgänge an solchen Personen und Gesellschaften gegen das Vorjahr zu erstrecken.

(3) Die nach der Buchstabenfolge der Namen, nach örtlichen Bezirken, Erwerbsgruppen oder nach anderen zweckmäßigen Gesichtspunkten zu ordnende Steuerrolle kann in Form einer Liste oder in Form einer Blatt- (Karten-) Sammlung von Einzelblättern für jeden Steuerpflichtigen geführt

werden. Die Rolle ist in einer auf eine Reihe von Jahren ausreichenden Weise anzulegen.

(4) In der Rolle erhält jeder Steuerpflichtige eine Ordnungsnummer. Die Rolle muß die für die Umsatzstempelentrichtung wichtigen Tatsachen, soweit sie der Stelle bekannt werden, insbesondere also enthalten: Name und Wohnort des Steuerpflichtigen, bei Gesellschaften Bezeichnung und Sitz der Firma, gegebenenfalls unter Angabe der vorhandenen Zweiggeschäfte, Art des Gewerbebetriebs, besondere Spalten, welche für eine Reihe von Jahren die Eintragung ermöglichen für Steuerjahr, Tag der Erinnerung (§ 164b Abs. 2), Tag des Eingangs der Anmeldung, Nummer des Anmeldungsbuchs, Nummer des Einnahmebuchs, Betrag der entrichteten Abgabe. In der Bemerkungsspalte sind die Fälle, in denen der Steuerpflichtige die Versteuerung nach der Lieferung gewählt hat (§ 81 des Gesetzes) und besondere für die Gewinnung eines Urteils über den Umsatz des Steuerpflichtigen wichtige Umstände (Geschäftsberichtsangaben, Gutachten von Sachverständigen usw.) festzuhalten.

(5) Zur schnellen und leichten Ermittelung der Steuerpflichtigen in der Steuerrolle ist eine nach der Folge der Anfangsbuchstaben der Namen geordnete Namensliste, welche die Ordnungsnummer jedes Steuerpflichtigen ergibt, anzulegen und laufend zu führen.

(6) Abweichungen von den Bestimmungen der Abs. 3 bis 5 können von der Landesregierung zugelassen werden.

§ 164.

(1) Die Steuerrolle ist von den Steuerstellen nach Eingang der ihnen nach § 163 Abs. 2 zu übersendenden Listen auf Grund der darin enthaltenen Angaben baldmöglichst an-

zulegen. Außerdem sind die der Steuerstelle aus eigener Wissenschaft bekannten oder auf anderem Wege bekannt gewordenen Gewerbetreibenden, welche für die Entrichtung der Abgabe sonst noch in Betracht kommen, in die Steuerrolle einzutragen.

(2) Die Steuerrolle ist unter Berücksichtigung der eingehenden Anmeldungen und der Zu- und Abgänge richtigzustellen und durch fortgesetzte Nachtragung der in ihr nachzuweisenden Angaben laufend zu erhalten. Die Nachtragungen sind vorzunehmen, sobald die einzutragenden Ergebnisse feststehen.

(3) Auf jeder erledigten Anmeldung ist von dem mit der Führung der Steuerrolle beauftragten Beamten die richtige Eintragung in die Steuerrolle zu vermerken.

7. Abgabenerhebung.

§ 164a.

(1) Die Steuerstelle prüft die eingehenden Anmeldungen auf richtige und vollständige Ausfüllung des Vordrucks, insbesondere auch auf das Vorhandensein der Unterschrift des Anmeldungspflichtigen, trägt nach Beseitigung etwaiger Anstände die Anmeldung in das Anmeldungsbuch B (§ 228 Abs. 2) ein, stellt den Abgabebetrag fest und vereinnahmt ihn. Dem Steuerpflichtigen ist über die Zahlung ein Empfangsbekenntnis zu erteilen, bei Entrichtung der Abgabe durch die Post oder durch Banküberweisung jedoch nur auf Verlangen. Als Anleitung für das Empfangsbekenntnis dient das Muster 29c.

(2) Die Anmeldung wird nach ihrer Erledigung (§§ 164c, 164d) Beleg zum Anmeldungsbuche.

§ 164b.

(1) Der rechtzeitige Eingang der Anmeldungen ist von der Steuerstelle nach der Steuerrolle (§ 163) zu überwachen.

(2) Ist bis zum Ablauf der Anmeldungsfrist bei der Steuerstelle weder eine Anmeldung noch eine Benachrichtigung, daß eine Steuerpflicht nicht in Betracht komme, eingegangen, so ist der Gewerbetreibende unter Hinweis auf die §§ 76, 83c des Gesetzes an die Einreichung der Anmeldung binnen einer auf zwei Wochen zu bemessenden Frist mit dem Ersuchen zu erinnern, für den Fall, daß er sich zur Einreichung einer Anmeldung nicht für verpflichtet erachte, die Gründe hierfür binnen der gleichen Frist mitzuteilen.

§ 164c.

(1) Nachdem die Abgabe auf Grund der Anmeldung erhoben worden ist, hat die Steuerstelle an der Hand der Steuerrolle und unter Berücksichtigung aller anderen ihr etwa bekannten Tatsachen oder Unterlagen, insbesondere auch unter Würdigung der etwa von dem Anmeldenden selbst gegebenen weiteren Erläuterungen (Nr. 6 der Anleitung zu Muster 29a) zu prüfen, ob die Anmeldung hinsichtlich der angemeldeten Höhe des Umsatzes glaubhaft erscheint. Liegen hiernach gegen die Richtigkeit einer Anmeldung keine Bedenken vor, so ist dies auf der Anmeldung unter Namensbeischrift zu vermerken.

(2) Hat ein Gewerbetreibender erklärt, daß er einen steuerpflichtigen Umsatz nicht habe, so ist diese Erklärung nach Abs. 1 zu prüfen. Ist anzunehmen, daß für ihn voraussichtlich dauernd ein steuerpflichtiger Umsatz nicht in Frage kommt, so ist die Eintragung in der Steuerrolle mit Genehmigung des Kassenprüfungsbeamten oder eines anderen mit der Kassenführung nicht betrauten, von der Landesregierung bestimmten Beamten zu löschen.

§ 164d.

(1) Ist bis zum Ablauf der nach § 164b in der Erinnerung gestellten Frist eine Anmeldung oder eine Erklärung, daß ein steuerpflichtiger Umsatz nicht vorliegt, nicht eingegangen, oder hat die Steuerstelle gegen die Richtigkeit einer eingereichten Anmeldung oder Erklärung Zweifel, so ist die Abgabepflicht an der Hand der für die Veranlagung des Gewerbetreibenden zu den direkten Staats- oder Gemeindesteuern vorhandenen Unterlagen zu prüfen. Zu diesem Zwecke hat die Steuerstelle, falls sie nicht selbst zu dieser Veranlagung zuständig oder sonst zu der Nachprüfung ohne weiteres imstande ist, die zuständige Stelle unter Mitteilung des Sachverhalts, gegebenenfalls auch unter Beifügung einer Abschrift der vorliegenden Anmeldung oder Erklärung und unter Darlegung der Gründe für ihre Zweifel an deren Richtigkeit um eine Äußerung zu ersuchen.

(2) Ergibt sich, daß ein steuerpflichtiger Umsatz gar nicht oder unrichtig angemeldet ist, so ist über die Einleitung des Strafverfahrens Entschließung zu fassen.

(3) Soweit genügende Unterlagen für eine anderweite Steuerfestsetzung gegeben sind, hat die Steuerstelle die Abgabe dementsprechend festzusetzen und den nachzuerhebenden Betrag von dem Steuerpflichtigen unter Mitteilung der Steuerfestsetzung und ihrer Grundlagen einzuziehen.

(4) Haben die Ermittelungen zwar ergeben, daß ein steuerpflichtiger Umsatz vom Steuerpflichtigen gar nicht oder zu niedrig angegeben ist, reichen aber die Unterlagen zur Festsetzung des wirklichen Umsatzes oder zur Einleitung eines Strafverfahrens nicht aus, so hat die Steuerstelle die Verhandlungen an den für die Stempelprüfung hinsichtlich des Umsatzstempels bestellten Prüfungsbeamten (§ 216 Abs. 2)

zur Ermittelung der zu entrichtenden Abgabe im Wege der örtlichen Nachprüfung abzugeben. Nach dem Ergebnis dieser Prüfung ist das Erforderliche wegen Nachbringung der Stempelabgabe und gegebenenfalls wegen Einleitung des Strafverfahrens zu veranlassen.

8. Abschlagszahlung.

§ 164e.

(1) Alle Steuerpflichtigen, bei denen in einem Jahre der Gesamtbetrag der Zahlungen oder der Lieferungen (§ 81 des Gesetzes) nach dem Ergebnis der Steuerfestsetzung 200000 Mark überstiegen hat, haben auf die Abgabe für das folgende Jahr nach Ablauf des ersten, zweiten und dritten Viertels des Kalenderjahrs während der ersten zehn Tage der Monate April, Juli und Oktober unaufgefordert eine Abschlagszahlung in Höhe von je 20 v. H. der für das vorhergehende Jahr festgesetzten Abgabe, auf volle Mark nach unten abgerundet, zu leisten. Ist das Gewerbe nicht während des ganzen Vorjahrs betrieben worden, so gilt der Umsatz während der Betriebszeit als Jahresumsatz. Für das Steuerjahr 1917 ist für die Verpflichtung zur Entrichtung der Abschlagszahlungen und deren Bemessung der Gesamtbetrag der Zahlungen oder Lieferungen im ganzen Kalenderjahr 1916 maßgebend. Die Abschlagszahlungen sind in der Anmeldung der mit dem Schlusse des Jahres fälligen Abgabe aufzuführen und bei der Festsetzung der Abgabe auf diese anzurechnen. Ein hiernach etwa zuviel gezahlter Betrag ist zurückzuzahlen.

(2) Der Steuerpflichtige ist auf die Verpflichtung zur Leistung von Abschlagszahlungen unter Angabe des Betrags der Abschlagszahlung und der Zahlungsfristen schriftlich hinzuweisen.

(3) Der rechtzeitige Eingang der Abschlagszahlungen ist durch eine nach Anleitung des Musters 29d von der Steuerstelle für jedes Steuerjahr zu führende Überwachungsliste sicherzustellen. Diese ist mit dem Anmeldungs- und dem Einnahmebuche zur Buchprüfung einzureichen.

(4) Die Spalten 1 bis 6 der Überwachungsliste sind gleichzeitig mit dem im Abs. 2 angeordneten Hinweis an den Zahlungspflichtigen, die Spalten 7 bis 9 bei der Zahlung der Abschlagssumme auszufüllen.

(5) Geht eine Abschlagszahlung nicht rechtzeitig ein, so ist das zu ihrer Einziehung Veranlaßte in der Bemerkungsspalte der Überwachungsliste zu vermerken.

(6) Die Abschlagszahlungen sind in das Anmeldungsbuch einzutragen.

9. Schätzungsverfahren.

§ 164f.

(1) Hat der Steuerpflichtige den Gesamtjahresbetrag der Zahlungen oder Lieferungen nur schätzungsweise angemeldet, so hat die Steuerstelle nach den §§ 164a, 164c und gegebenenfalls 164d Abs. 1, 2 zu verfahren.

(2) Ergibt die Nachprüfung Anlaß zur Annahme eines höheren Betrags, so hat die Steuerstelle, sofern nicht Anlaß zur Einleitung des Strafverfahrens gegeben ist, vor anderweiter Festsetzung der Abgabe den Steuerpflichtigen unter Mitteilung der für die Annahme eines höheren Betrags sprechenden Gründe zu einer Äußerung, gegebenenfalls auch unter Hinweis auf § 79 Abs. 2 letzter Satz des Gesetzes zur Auskunft über die für die Schätzung erheblichen tatsächlichen Verhältnisse und zur Vorlegung der sich hierauf beziehenden Schriftstücke aufzufordern. Erkennt der Steuerpflichtige die Beanstandung der Steuerstelle ganz oder zum Teil an und

erklärt er sich mit der Versteuerung eines bestimmten höheren Schätzungsbetrags als des ursprünglich von ihm angegebenen Betrags einverstanden, so ist die Steuerstelle, sofern der Betrag unter Berücksichtigung der Unterlagen und der Äußerung des Gewerbetreibenden annehmbar erscheint, berechtigt, sich auf dieser Grundlage mit dem Steuerpflichtigen zu einigen und den danach noch zu entrichtenden Betrag nachzuerheben.

(3) Führen die Verhandlungen nicht zu einer Einigung, so hat die Steuerstelle ihrerseits die Schätzung des steuerpflichtigen Umsatzes vorzunehmen und dem Steuerpflichtigen einen die Grundlagen der Schätzung enthaltenden Schätzungsbescheid mit der Aufforderung zu erteilen, den danach sich ergebenden Mehrbetrag an Steuer binnen zehn Tagen einzuzahlen. Mit dem Bescheid ist unter dem Hinweis, daß nach § 80 des Gesetzes gegen diesen nur die Verwaltungsbeschwerde zulässig ist, deren Einlegung aber auf die Entrichtung der angeforderten Steuer keine aufschiebende Wirkung habe, eine Belehrung des Steuerpflichtigen über das ihm zustehende Rechtsmittel zu verbinden.

(4) Die Steuerstelle ist befugt, der gegen den Bescheid erhobenen Beschwerde, die Beschwerdebehörde der gegen ihren Bescheid erhobenen weiteren Beschwerde abzuhelfen.

10. Nacherhebung.

§ 164g.

(1) Gibt die weitere Prüfung (§ 164d, § 164f) zu einer Nacherhebung Anlaß, so ist der nacherhobene Betrag unter einer besonderen Nummer des Anmeldungsbuchs mit Angabe des Grundes der Zahlung einzutragen. In Spalte 2 ist in Fällen dieser Art der Tag der Nacherhebung einzutragen. Gleichzeitig ist in dem Anmeldungsbuche bei der erstmaligen

Zahlung in der Bemerkungsspalte auf den neuen Eintrag hinzuweisen.

(2) Die Unterlagen für die Nacherhebung bilden Belege zum Anmeldungsbuche.

11. Wechsel in der Versteuerungsart.

§ 164h.

(1) Will ein Steuerpflichtiger von der Abgabenentrichtung auf der Grundlage des § 81 des Gesetzes zur Versteuerung nach § 76 des Gesetzes übergehen, so hat er unter Darlegung der Gründe für den beabsichtigten Wechsel und unter Angabe, ob die Änderung dauernd oder nur für einen bestimmten Zeitraum begehrt wird, die Genehmigung der Direktivbehörde zu beantragen.

(2) Die Genehmigung ist nur zu erteilen unter der Bedingung, daß der Steuerpflichtige bei einem etwaigen späteren erneuten Übergange zur Besteuerung der Lieferungen neben der Abgabe von den Lieferungen die Abgabe für diejenigen Zahlungen zu entrichten hat, welche noch für Lieferungen aus demjenigen Steuerzeitraum eingehen, während dessen die Versteuerung nach der Zahlung erfolgte.

(3) Der Betrag der nachträglich zu versteuernden Zahlungen ist in den Jahresanmeldungen außer dem Gesamtbetrage der zu versteuernden Lieferungen besonders aufzuführen.

12. Trennung der Verwaltungs- und Erhebungsbefugnisse.

§ 164i.

Wo die mit der Verwaltung der Abgabe von Warenumsätzen betrauten Steuerstellen nicht zugleich Hebestellen sind, ordnet die Landesregierung im Einvernehmen mit dem Reichskanzler (Reichsschatzamt) die hiernach notwendigen Änderungen des Verfahrens an.

13. Stempelzeichen.

§ 164k.

(1) Die Abgabe aus § 83a des Gesetzes wird durch Verwendung von Stempelmarken entrichtet. Die Stempelmarken werden zum Nennwert von 10, 20, 50 Pfennig, 1, 2 und 10 Mark ausgegeben. Ein Verkauf amtlich gestempelter Vordrucke zu Empfangsbekenntnissen findet nicht statt.

(2) Die Marken sind 18,5 mm hoch und 22,5 mm breit. Das obere Feld der Pfennigwerte enthält auf dunklem Grunde in weiß hervortretender deutscher Schrift die Bezeichnung „Waren-Umsatzstempel". Von den drei mittleren Feldern tragen die beiden äußeren die Wertbezeichnung ebenfalls weiß auf dunklem Grunde, das Mittelfeld zeigt den Reichsadler. Das untere Feld mit guillochiertem Grunde enthält den Vordruck für die Entwertung durch Eintragung von Tag, Monat und Jahr auf der dazu vorgezeichneten Linie. Die Markwerte unterscheiden sich von den Pfennigwerten dadurch, daß unter Anwendung einer zweiten Farbe auch das obere Feld mit einer Guilloche untedruckt ist, so daß hier sowie im untersten Felde die Schrift dunkel auf hellem Grunde steht. Die Marken zu 10 Pfennig sind hellkarmin, diejenigen zu 20 Pfennig hellblau, zu 50 Pfennig grauviolett, zu 1 Mark grün mit rotbraunem Unterdruck, zu 2 Mark gelbbraun mit grünem Unterdruck, zu 10 Mark rotbraun mit grünem Unterdruck.

(3) Der Vertrieb der Stempelmarken erfolgt durch die Postanstalten. Stempelmarken zum Werte von 10, 20 und

50 Pfennig werden bei allen Postämtern und bei denjenigen sonstigen Poststellen, bei welchen sich ein Bedürfnis hierfür herausstellt, verkauft. Die Verkaufsstellen für Stempelmarken von höherem Werte werden nach den örtlichen Verhältnissen bestimmt und zur öffentlichen Kenntnis gebracht.

14. Verwendung der Stempelzeichen.

§ 164l.

(1) Die Stempelmarken sind auf der Vorder- oder Rückseite der Urkunde an einer beliebigen freien Stelle aufzukleben und zu entwerten.

(2) Die Entwertung der Stempelmarken ist in der Art vorzunehmen, daß Tag, Monat und Jahr der Verwendung der Marke auf dieser an der im Vordruck dafür vorgesehenen Stelle in deutlichen Schriftzeichen ohne jede Auskratzung, Durchstreichung oder Überschreibung mit Tinte niedergeschrieben oder aufgedruckt werden. Allgemein übliche und verständliche Abkürzungen sind zulässig. Im Falle der Entwertung durch Aufdruck braucht der Vermerk nicht an der im Vordruck bezeichneten Stelle zu stehen, muß aber vollständig auf jede einzelne Marke gesetzt werden. Die Hinzufügung des Namens oder der Firma des Verwendenden ist zulässig.

II. Der Abschnitt XIII der Ausführungsbestimmungen wird geändert, wie folgt:

1. Der § 210 wird geändert, wie folgt:
   a) im Abs. 1 werden vor den Worten „von den Amtsstellen" die Worte eingefügt „soweit nicht im Abs. 8 etwas anderes bestimmt ist";

b) im Abs. 3 Satz 1 in der Fassung der Bekanntmachung des Reichskanzlers vom 13. Juli 1916 (Zentralblatt für das Deutsche Reich S. 177) werden die Worte „oder Scheckvordrucke" sowie Satz 2 gestrichen;

c) hinter Abs. 7 wird folgende Bestimmung als Abs. 8 eingefügt:

(8) „Der Ersatz verdorbener Stempelmarken zur Entrichtung der Abgabe nach § 83a des Gesetzes findet bei den mit deren Vertriebe beauftragten Postanstalten nach Maßgabe der Bestimmungen in den §§ 12 bis 14 der Ausführungsbestimmungen zum Wechselstempelgesetze vom 15. Juli 1909[1]) statt."

1. Die §§ 12—14 der Ausführungsbestimmungen zum Wechselstempelgesetz (RZBl. 1909 S. 402) lauten:

„§ 12. Für verdorbene Stempelmarken oder Vordrucke und für Marken, mit welchen demnächst verdorbene Schriftstücke versehen sind, kann Erstattung beansprucht werden, wenn der Schaden mindestens eine Mark beträgt und wenn von den Stempelzeichen oder den Schriftstücken, zu welchen sie verwendet sind, noch kein oder doch kein solcher Gebrauch gemacht worden ist, demgegenüber durch die Erstattung das Steuerinteresse gefährdet erscheint. Es genügt, wenn der Wert der gleichzeitig zur Erstattung vorgelegten Stempelzeichen zusammen eine Mark beträgt, und es kommt nicht darauf an, ob die Beschädigung der einzelnen Stempelzeichen durch ein und dasselbe Ereignis veranlaßt oder auf verschiedene, voneinander unabhängige Versehen oder Zufälle zurückzuführen ist.

§ 13. Der Erstattungsanspruch ist bei der Postanstalt des Bezirkes innerhalb eines Monats, nachdem der Schaden dem Berechtigten bekannt geworden ist, unter Beifügung der verdorbenen Stempelzeichen und Schriftstücke anzumelden. Über die Anträge entscheidet, falls sie einem Postamt erster oder zweiter

Klasse unterbreitet sind, der Postamtsvorsteher. In zweifelhaften Fällen sowie allgemein seitens der übrigen Postanstalten ist die Entscheidung der der Postanstalt vorgesetzten Behörde (im Reichs-Postgebiet und in Bayern der Ober-Postdirektionen, in Württemberg der Generaldirektion der Posten und Telegraphen) einzuholen.

Die Frist zur Geltendmachung des Erstattungsanspruchs ist auch dann als gewahrt anzusehen, wenn die Erstattung bei einer nicht zuständigen Postanstalt oder einer Steuerstelle beantragt worden ist. Die Amtsstellen haben in diesem Falle den Antrag der zuständigen Behörde (Abs. 1 Satz 1) zur Entscheidung vorzulegen.

§ 14. Eine bare Zurückzahlung der entrichteten Abgabe findet in den Fällen des § 12 nicht statt; die Erstattung erfolgt vielmehr im Wege des Umtausches, und zwar werden in der Regel für verdorbene Vordrucke Vordrucke, für verdorbene Marken Marken abgabefrei verabfolgt. Den Wünschen des Antragstellers hinsichtlich des Betrags der einzelnen Stücke ist tunlichst Rechnung zu tragen.

Die verdorbenen Stempelzeichen sind in Gegenwart von zwei Beamten zu vernichten."

2. Im § 211 Abs. 1 in der Fassung der Bekanntmachung vom 13. Juli 1916 werden die Worte „oder Schecks oder Quittungen" und die Worte „oder Scheckstempelmarken" und der Abs. 2 gestrichen.
3. § 212 wird gestrichen.
4. Im § 216 Abs. 2 sind die Worte „übertragen werden (besondere Prüfungsbeamte)" zu ersetzen durch die Worte „oder der mit der Erhebung der Abgabe beauftragten anderen Verwaltung übertragen werden (besondere Prüfungsbeamte)".
5. Hinter § 218 werden als § 218a folgende Bestimmungen eingefügt:

§ 218a.

„(1) Personen und Gesellschaften, für welche eine Abgabepflicht nur nach Tarifnummer 10 besteht, unterliegen regelmäßigen, innerhalb gewisser Fristen zu wiederholenden Stempelprüfungen nicht.

(2) In Einzelfällen ist die Abgabenentrichtung nach Tarifnummer 10 bei den vorstehend genannten Personen und Gesellschaften einer genauen Nachprüfung zu unterziehen, wenn der Prüfungsbeamte von der Steuerstelle nach § 164d Abs. 4 um Vornahme einer Stempelprüfung ersucht oder von einer vorgesetzten Behörde mit einer solchen Prüfung beauftragt wird."

6. Im § 220 Abs. 1 Satz 1 ist die Ziffer 10 zu streichen und im Satz 2 statt der Worte „der Tarifnummern 4, 10" zu setzen „der Tarifnummer 4".

7. Im § 223 Abs. 5 ist die Ziffer 10 zu ersetzen durch die Worte „und in § 83a des Gesetzes".

III. Abschnitt XIV wird geändert, wie folgt:

1. a) Im § 227 Abs. 1 sind im ersten Satze die Worte „oder gemäß § 16 Abs. 1 des Gesetzes gestundeten" zu streichen und die Worte „dieser Art ein besonderes Einnahmebuch" zu ersetzen durch: „aus Tarifnummer 1 bis 9, 11, 12 ein Einnahmebuch A".

b) Daselbst ist vor Abs. 2, der die Nummer 3 erhält, folgender Abs. 2 einzuschalten:

„(2) Über die Einnahmen aus Tarifnummer 10 ist ein besonderes Einnahmebuch B zu führen, dessen Einrichtung die oberste Landesfinanzbehörde bestimmt. Das anliegende Muster 39a dient als Vorbild."

2. a) Im § 228 ist im Satz 1 hinter „Einnahmebuch" und hinter „Anmeldungsbuch" der Buchstabe „A" einzuschalten. Daselbst wird „Abs. 2" in „Abs. 3" geändert.

b) Daselbst ist folgender Abs. 2 anzufügen:

„(2) Als Vor- und Gegenbuch zum Einnahmebuche B ist von den zur Erhebung der Abgabe aus Tarifnummer 10 zuständigen Steuerstellen ein Anmeldungsbuch B zu führen, für welches das Muster 40a als Vorbild dient. In dieses sind alle zur Entrichtung der Abgabe vorgeschriebenen Anmeldungen einzutragen. Soweit eine Anmeldung nicht eingereicht ist, ist an deren Stelle die Steuerfestsetzungsbescheinigung der Steuerstelle unter Angabe dieses Sachverhalts in der Bemerkungsspalte einzutragen."

3. Der Eingang des § 233 Abs. 1 wird wie folgt gefaßt:

„(1) Die in den §§ 227, 228 mit A bezeichneten Bücher werden nach Ablauf jedes Vierteljahrs, das Einnahmebuch B nach Ablauf des Rechnungsjahrs, das Anmeldungsbuch B und die Überwachungsliste Muster 29d nach Ablauf des Kalenderjahrs abgeschlossen usw."

4. a) Im § 234 Abs. 1 werden im Satz 2 hinter den Worten „obersten Landesfinanzbehörden" die Worte eingeschaltet: „oder obersten Postbehörden",

b) daselbst wird unter entsprechender Nummeränderung der folgenden Absätze hinter Abs. 2 folgender Abs. 3 eingeschaltet:

„(3) Die Herstellungskosten für die nach Bayern und Württemberg gelieferten Stempelmarken zur

Entrichtung des Warenumsatzstempels werden nach den Vorschriften im Abs. 2 angefordert und beglichen. Die Herstellungskosten für die den Bezugstellen der Reichspostverwaltung gelieferten Umsatzstempelmarken kommen auf die den übrigen Bundesstaaten nach § 122 des Reichsstempelgesetzes zustehende Vergütung für die Erhebungs- und Verwaltungskosten in Anrechnung und werden am Schlusse jeden Rechnungsjahrs vom Ausschuß des Bundesrats für Rechnungswesen auf die einzelnen Staaten nach dem Verhältnis der in ihrem Gebiet im Laufe des Rechnungsjahrs abgesetzten Mengen verteilt. Zu diesem Zwecke sind dem Ausschuß des Bundesrats für Rechnungswesen (zu Händen des Kaiserlichen Zoll- und Steuer-Rechnungsbureaus) bis spätestens zum 1. Mai jedes Jahres von der Reichsdruckerei die mit den quittierten Lieferscheinen belegte Rechnung über die Herstellungskosten der im abgelaufenen Rechnungsjahr den Bezugstellen der Reichspostverwaltung gelieferten Umsatzstempelmarken und von der Reichspostverwaltung eine Nachweisung der in den Gebieten der einzelnen Staaten im abgelaufenen Rechnungsjahr abgesetzten Markenmengen einzureichen.

5. Im § 238 hat die erste Klammer zu lauten: „(§§ 210, 211)“. Hinter „Anmeldungsbuch“ ist einzufügen „A“.
6. Im § 240 sind die Worte „von 2 v. H.“ zu streichen.
7. Im § 242 Abs. 2 sind die Ziffern 212 und 10 zu streichen. Hinter Ziffer „12“ ist einzufügen „und des § 83a des Gesetzes“.

IV. An den Mustern treten folgende Änderungen ein:

1. Im Muster 38 wird
   a) die Anleitung unter Nr. 5 wie folgt gefaßt: „Bei den Eintragungen unter Abteilung F bleiben die Spalten 1, 2, unter Abteilung H die Spalten 1 bis 3 unausgefüllt."
   b) Daselbst wird auf Seite 2 die Abteilung B wie folgt gefaßt:

      „B. Stellen, welche hinsichtlich der Entrichtung der Abgabe nach Tarifnummer 4 der Beaufsichtigung unterliegen:
      a) nach Tarifnummer 4a;
      b) nach Tarifnummer 4b."
   c) Daselbst wird auf Seite 2 hinter Abteilung E unter Änderung der Buchstabenbezeichnung der folgenden Abteilungen eingeschaltet:

      „F. Stellen, welche hinsichtlich der Abgabe nach Tarifnummer 10 und §§ 76 ff. des Gesetzes einer Prüfung unterworfen worden sind."
2. a) Muster 39 erhält die Benennung „Einnahmebuch A".
   b) In demselben Muster fällt Spalte 31 unter entsprechender Nummeränderung der folgenden Spalten weg.
   c) Die Überschrift der Spalte 27 hat zu lauten: „Insgesamt nach Nr. 1 bis 9, 11, 12 des Tarifs (Summe der Spalten 9, 18, 19, 22, 26 bis 30, 35 und 36)".
3. a) Muster 40 erhält die Benennung: „Anmeldungsbuch A".
   b) Daselbst ist in der Anleitung unter 1i die Ziffer „4" zu streichen.

Eingegangen, den...ten......19...
Nr.....der Steuerrolle.
Nr.....des Anmeldungsbuchs.
Nr.....des Einnahmebuchs.
(Amtsstempelabdruck.)

Muster 29a.

(Ausführungsbestimmungen § 160.)

Anmeldung

zur Entrichtung des Warenumsatzstempels.

Anleitung.

1. Die Anmeldung hat von juristischen Personen bei der Steuerstelle zu erfolgen, in deren Bezirk sie ihren Sitz haben. Bei Firmen, die im Handelsregister eingetragen sind, Gesellschaften und Vereinen des bürgerlichen Rechtes, soweit sie nicht juristische Personen sind, ist der Ort der Niederlassung, bei mehreren Niederlassungen der Ort der Hauptniederlassung maßgebend. Im übrigen ist die Steuerstelle des Wohnorts des Steuerpflichtigen zuständig. Befindet sich der Sitz des Unternehmens oder der Hauptniederlassung im Ausland oder hat der Steuerpflichtige im Inland keinen Wohnsitz, so ist der Ort des Betriebs maßgebend. Das gleiche gilt, wenn der Steuerpflichtige mehrere Wohnsitze im Inland hat oder wenn der Betrieb mehreren Personen mit verschiedenem Wohnsitz gehört.

2. Der Vordruck unter 3b ist auszufüllen, wenn das Gewerbe nicht während des ganzen Kalenderjahrs betrieben worden ist.

3. Der Betrag des Umsatzes ist

entweder unter Zugrundelegung des Betrags der im Laufe des unter 3 des Vordrucks angegebenen Zeitraums eingegangenen Zahlungen unter 4a,

oder unter Zugrundelegung der im Laufe dieses Zeitraums bewirkten Lieferungen unter 4b des Vordrucks

anzumelden.

Ist von dem Rechte, den Umsatz nach 4b anzumelden, einmal Gebrauch gemacht worden, so darf hiervon nach § 81 des Reichsstempelgesetzes nur mit Genehmigung der Direktivbehörde und unter der von dieser festzusetzenden Bedingung für einen folgenden Steuerzeitraum abgewichen werden.

(Fortsetzung s. S. 106.)

Der Einreichung einer Anmeldung bedarf es nicht, wenn der Jahresbetrag der Zahlungen oder, falls die Versteuerung auf der Grundlage S. 2 unter 4b gewählt wird, der Jahresbetrag der Lieferungen nicht mehr als 3000 ℳ beträgt. Zur Vermeidung von Erinnerungen wird ersucht, in diesem Falle der Steuerstelle eine die Nichteinreichung einer Anmeldung begründende Mitteilung zu machen.

Anmeldung

de... (Vor- und Zuname; bei Gesellschaften, Genossenschaften, Vereinen die Firma) ....
in (s. Anleitung unter 1) ....

1. Art des Gewerbebetriebs: ....
2. Für den Betrieb bestehen im Inland Zweigniederlassungen in (nötigenfalls auf besonderer Beilage anzugeben): ....
3. Das Gewerbe ist betrieben worden:
   a) während des Kalenderjahrs 19...
   b) während des Zeitraums vom ...ten .... bis einschließlich den ...ten .... 19...
4. Umsatz:
   a) Der Gesamtbetrag der Zahlungen, die während des unter 3 angegebenen Zeitraums für die im vorstehenden Betrieb einschließlich der inländischen Zweigniederlassungen gelieferten Waren eingegangen sind, beläuft sich auf .... ℳ,
   *) davon entfallen auf den Zeitraum vom 1. Oktober bis Ende Dezember 1916 .... ℳ;
   b) Der Gesamtbetrag der während des unter 3 angegebenen Zeitraums im vorstehenden Betrieb einschließlich der inländischen Zweigniederlassungen erfolgten Lieferungen beläuft sich auf .... ℳ,
   *) davon entfallen auf den Zeitraum vom 1. Oktober bis Ende Dezember 1916 .... ℳ;
   c) Ich versichere, nicht imstande zu sein, den tatsächlichen Gesamtbetrag der Zahlungen anzugeben, die ich während des unter 3 angegebenen Zeitraums für die im vorstehenden Betrieb einschließlich der inländischen Zweigniederlassungen gelieferten Waren erhalten habe, weil für meinen Betrieb eine geregelte Buchführung nicht stattfindet und mir auch sonstige Unterlagen für die genaue Berechnung des Gesamtbetrags fehlen. Ich schätze den Gesamtbetrag der Zahlungen auf .... ℳ,
   *) davon entfallen auf den Zeitraum vom 1. Oktober bis Ende Dezember 1916 .... ℳ.

   [Zu streichen, falls Anmeldung nach a oder b erfolgt, s. Anleitung Nr. 3.]
5. Auf die zu entrichtende Abgabe ist abschlägig bezahlt worden
   am...ten.........19... ....ℳ,
   am...ten.........19... ....ℳ,
   am..ten.........19... ....ℳ.
6. Bemerkungen:

Es wird versichert, daß die vorstehenden Angaben nach bestem Wissen und Gewissen gemacht sind.

(Ort)... ....., den...ten.........19...

(Eigenhändige Unterschrift des Gewerbetreibenden)

---

*) Dieser Zusatz ist nur in den Vordruck für das Steuerjahr 1916 aufzunehmen.

Steuerfestsetzung.

Nach der Anmeldung beläuft sich der steuerpflichtige Gesamtbetrag der Zahlungen — Lieferungen — de... (Name, Firma).............. zu.................... für das Kalenderjahr 19... — für den Zeitraum vom............... bis............... 19... — auf ....ℳ.

Nichtzutreffendes ist zu streichen.

Nach dem Steuersatze von 1 v. T. ist hiervon zu erheben an Stempelabgabe.......ℳ...₰

Hierauf sind abschlägig entrichtet:

für das 1. Vierteljahr laut Nr.... des Einnahmebuchs... ℳ
" " 2. " " "... " " ... "
" " 3. " " "... " " ... "

zusammen .....ℳ

Somit bleiben zu entrichten .....ℳ...₰
Somit sind zu erstatten . . .."..."

Der nach vorstehender Steuerfestsetzung zu entrichtende Betrag ist im Einnahmebuch unter Nr..... nachgewiesen.

...................., den...ten...............19...

(Amtsbezeichnung)

(Amtsstempelabdruck)

(Unterschriften)

Empfangsbekenntnis des Steuerpflichtigen.

Den nach vorstehender Steuerfestsetzung zuviel entrichteten Steuerbetrag habe ich mit .....ℳ...₰, in Worten ....ℳ...₰, zurückerhalten.

.................., den...ten...............19...

(Unterschrift)...................

4. Der Vordruck unter 4c ist nur auszufüllen, wenn entsprechend der abzugebenden Versicherung eine genaue Berechnung des Umsatzes nicht möglich ist.

5. Der Vordruck zu 5 ist nur dann auszufüllen, wenn gemäß § 77 des Gesetzes Abschlagszahlungen geleistet worden sind.

6. Dem Anmeldenden steht es frei, unter 6 oder auf besonderer Beilage über die Ermittelung des unter 4a oder 4b angemeldeten Gesamtumsatzes oder über das Schätzungsverfahren, auf welchem die Angabe unter 4c beruht, nähere Erläuterungen zu geben. Dies empfiehlt sich namentlich, wenn der angemeldete Jahresumsatz in auffälliger Weise von demjenigen des Vorjahrs abweicht oder auf Schätzung beruht.

7. Nicht unterschriebene Anmeldungen gelten als nicht eingereicht.

Muster 29 b.

(Ausführungsbestimmungen § 161.)

Bekanntmachung,

betreffend die Entrichtung des Warenumsatzstempels für das Kalenderjahr 19....

Auf Grund des § 161 der Ausführungsbestimmungen zum Reichsstempelgesetze werden die zur Entrichtung der Abgabe vom Warenumsatze verpflichteten gewerbetreibenden Personen und Gesellschaften in (Angabe des Steuerbezirkes) .... aufgefordert,*) den steuerpflichtigen Jahresbetrag ihres Warenumsatzes für das Kalenderjahr 19.... bis spätestens zum Ende des Monats Januar 19... der unterzeichneten Steuerstelle schriftlich oder mündlich anzumelden und die Abgabe gleichzeitig mit der Anmeldung einzuzahlen.

Als steuerpflichtiger Gewerbebetrieb gilt auch der Betrieb der Land- und Forstwirtschaft, der Viehzucht, der Fischerei und des Gartenbaues sowie der Bergwerkbetrieb.

Beläuft sich der Jahresumsatz auf nicht mehr als 3000 ℳ, so besteht eine Verpflichtung zur Anmeldung und eine Abgabepflicht nicht.

Wer der ihm obliegenden Anmeldungsverpflichtung zuwiderhandelt oder über die empfangenen Zahlungen oder Lieferungen wissentlich unrichtige Angaben macht, hat eine Geldstrafe verwirkt, welche dem zwanzigfachen Betrage der hinterzogenen Abgabe gleichkommt. Kann der Betrag der hinterzogenen Abgabe nicht festgestellt werden, so tritt Geldstrafe von 150 ℳ bis 30 000 ℳ ein.

Zur Erstattung der schriftlichen Anmeldung sind Vordrucke zu verwenden. Sie können bei der unterzeichneten Steuerstelle kostenlos entnommen werden.

Steuerpflichtige sind zur Anmeldung ihres Umsatzes verpflichtet, auch wenn ihnen Anmeldungsvordrucke nicht zugegangen sind.

...................., den....ten................19....

(Bezeichnung der Steuerstelle).................

(Unterschrift) ....

*) In der Bekanntmachung für das Steuerjahr 1916 haben die folgenden Worte bis „Kalenderjahr 19..." zu lauten: „den gesamten Betrag ihres Warenumsatzes im Kalenderjahr 1916 sowie den steuerpflichtigen Betrag ihres Warenumsatzes im vierten Viertel des Kalenderjahrs 1916."

Muster 29 c.

(Ausführungsbestimmungen § 164a.)

Nr.....der Steuerrolle.
Nr.....des Anmeldebuchs.
Nr.....des Einnahmebuchs.

Empfangsbekenntnis der Steuerstelle.

Nichtzutreffendes ist zu streichen.

Der nach der Anmeldung des/der .... in .... für das Kalenderjahr 19.... zu entrichtende Warenumsatzstempel ist mit ......ℳ ....₰, in Worten ....ℳ ....₰ gezahlt und im Einnahmebuch unter Nr....... nachgewiesen.

Auf die Abgabe für das folgende Kalenderjahr sind vierteljährliche Abschlagszahlungen in Höhe von je 20 v. H. des vorstehend festgestellten Jahressteuerbetrags*) mit ......ℳ innerhalb der ersten zehn Tage des Monats April, Juli und Oktober zu leisten.

................., den....ten...........19....

(Amtsbezeichnung)

(Amtsstempelabdruck)

(Unterschriften)

*) In dem Vordruck für das Steuerjahr 1916 muß es heißen: „de nach dem Gesamtbetrag der Zahlungen — Lieferungen — im Kalenderjahr 1916 berechneten Jahressteuerbetrags“.

Muster 29 d.

(Ausführungsbestimmungen § 164 e.)

Überwachungsliste

de...(Bezeichnung der Steuerstelle).................zu.........

über die auf Warenumsatzstempel vierteljährlich zu leistenden Abschlagszahlungen für das Kalenderjahr 19....

Diese Liste enthält ...... Blätter, *welche von einer mit dem Siegel des Unterzeichneten belegten Schnur durchzogen sind.*

........, den...ten.......... 19...

(Name)..............................

(Dienststellung)......................

Geführt von

(Name).............

(Dienststellung)......

Anleitung.

1. Diese Liste wird für das Kalenderjahr geführt und ist gleichzeitig mit dem Anmeldungsbuche B zur Buchprüfung einzureichen.

2. Alle beim Abschluß der Liste noch nicht endgültig erledigten Eintragungen sind unter Beibehaltung ihrer Nummern in die Überwachungsliste für das folgende Jahr zu übertragen. Die Richtigkeit der Übertragung ist von dem Kassenprüfungsbeamten oder von einem anderen mit der Kassenführung nicht betrauten, von der Landesregierung bestimmten Beamten in der alten und in der neuen Überwachungsliste zu bescheinigen.

3. Die Verwendung von Schnur und Siegel ist nicht erforderlich, wenn es sich um festgebundene Bücher mit fortlaufenden Blattzahlen handelt.

Laufende Nr.	Nr. der Steuerrolle	Des zur Leistung von Abschlagszahlungen Verpflichteten			Betrag der vierteljährlich zu leistenden Abschlagszahlung ℳ	Als Abschlagszahlung ist gezahlt		Des Einnahmebuchs B		Bemerkungen
		a) Name b) Firma	Gewerbe	Wohnung (Straße Nr.)		am	der Betrag von ℳ	für das Rechnungsjahr	Nr.	
1	2	3	4	5	6	7	8	9		10

Muster 39 a.

(Ausführungsbestimmungen § 227.)

Einnahmebuch B

de...

(Bezeichnung der Steuerstelle).................. zu............

über das Aufkommen an Warenumsatzstempel

für das

Rechnungsjahr 19...

Dieses Buch enthält ...... Blätter, *welche von einer mit dem Siegel des Unterzeichneten belegten Schnur durchzogen sind.*

........, den...ten......... 19....

(Name) ....

(Dienststellung) ....

Geführt von

(Name) ....

(Dienststellung) .....

Anleitung.

1. Das Einnahmebuch ist am Schlusse des Monats März abzuschließen.

2. Die Verwendung von Schnur und Siegel ist nicht erforderlich, wenn es sich um festgebundene Bücher mit fortlaufenden Blattzahlen handelt.

Laufende Nr.	Tag der Er-hebung	Des Anmeldungsbuchs B für das Kalenderjahr	Des Anmeldungsbuchs B Nr.	Des Einzahlenden Name (Firma)	Des Einzahlenden Gewerbe	Des Einzahlenden Wohnort	Betrag der erhobenen Abgabe ℳ	Bemerkungen
1	2	3		4	5	6	7	8

Muster 40 a.

(Ausführungsbestimmungen § 228.)

Anmeldungsbuch B

de...

(Bezeichnung der Steuerstelle).................zu...........

über die Erhebung des Warenumsatzstempels
für das
Kalenderjahr 19...

Dieses Buch enthält ..... Blätter, *welche von einer mit dem Siegel des Unterzeichneten belegten Schnur durchzogen sind.*

........, den...ten.........19....

(Name) ....

(Dienststellung) ....

Geführt von

(Name) ....

(Dienststellung) .....

Anleitung.

1. In das Anmeldungsbuch sind alle Anmeldungen, auf Grund deren eine Abgabenerhebung erfolgt, und soweit Anmeldungen nicht abgegeben werden, die Steuerfestsetzungsbescheinigungen einzutragen.
2. Dieses Buch wird für das Kalenderjahr geführt.
3. Alle beim Abschluß des Buches noch nicht endgültig erledigten Eintragungen sind unter Beibehaltung ihrer Nummern in das Anmeldungsbuch für das folgende Jahr zu übertragen. Die Richtigkeit der Übertragung ist von dem Kassenprüfungsbeamten oder von einem anderen mit der Kassenführung nicht betrauten, von der Landesregierung bestimmten Beamten im alten und im neuen Anmeldungsbuche zu bescheinigen.
4. Das Anmeldungsbuch ist nebst Belegen und mit der Überwachungsliste nach Ablauf des Monats März des folgenden Kalenderjahrs zusammen mit dem abgeschlossenen Einnahmebuch B zur Prüfung einzureichen.
5. Die Verwendung von Schnur und Siegel ist nicht erforderlich, wenn es sich um festgebundene Bücher mit fortlaufenden Blattzahlen handelt.

Laufende Nr.	Tag der Anmeldung oder Nacherhebung	Nr. der Steuerrolle	Des Anmeldungspflichtigen Name (Firma)	Des Anmeldungspflichtigen Gewerbe	Des Anmeldungspflichtigen Wohnort	Betrag der erhobenen Abgabe ℳ	Zeitraum, für den die Abgabe entrichtet ist	Der Betrag Sp. 7 ist nachgewiesen im Einnahmebuche B für das Rechnungsjahr	Der Betrag Sp. 7 ist nachgewiesen im Einnahmebuche B unter Nr.	Bemerkungen
1	2	3	4	5	6	7	8	9		10

IV. Auslegungsgrundsätze.

(RZBl. 1916 S. 383 ff.; Amtl. Mitteilungen, herausg. im Reichsschatzamt, 1916 S. 169; Reichsanzeiger vom 24. Oktober 1916.)

Der Bundesrat hat in seiner Sitzung vom 19. Oktober 1916 beschlossen, den nachstehenden Grundsätzen zur Auslegung des Warenumsatzstempelgesetzes vom 26. Juni 1916 (RGBl. S. 639) seine Zustimmung zu erteilen.

Über die Erhebung der Abgabe bei Warenumsätzen, die durch Vermittlung von Verkaufsvereinigungen (Syndikaten) getätigt werden, Grundsätze aufzustellen, ist abgesehen worden, weil bei der Verschiedenartigkeit der Verhältnisse die Entscheidung nur von Fall zu Fall wird getroffen werden können. Im allgemeinen werden die über die Behandlung des Kommissionsgeschäfts aufgestellten Grundsätze entsprechende Anwendung zu finden haben.

Grundsätze zur Auslegung des Warenumsatzstempelgesetzes.

I.

(1) Als Waren im Sinne des Gesetzes gelten nicht:

1. Forderungen einschließlich der Urkunden, die als Ausweis für die Geltendmachung von Forderungsrechten dienen, wie Fahrkarten, Eintrittskarten, Rabattsparmarken, Lotterielose;
2. Urheber- und ähnliche Rechte;
3. Wertpapiere;
4. Wechsel, Schecks, Banknoten, Papiergeld, Geldsorten;

5. amtlich ausgegebene Wertzeichen mit Ausnahme der außer Gebrauch gesetzten oder entwerteten oder sonst zu Sammelzwecken dienenden Wertzeichen;
6. Grundstücke und Berechtigungen, für welche die sich auf Grundstücke beziehenden Vorschriften des Bürgerlichen Rechts gelten. See- und Binnenschiffe gehören zu den Waren im Sinne des Gesetzes.

(2) Als eine Lieferung von Waren ist u. a. anzusehen:

1. die Lieferung von Gas, Elektrizität und Leitungswasser. Dies gilt auch von der Lieferung von gewöhnlichem Wasser und von Bädern durch Zufuhr ins Haus sowie von der Lieferung jeder Art gasförmiger Körper in Umschließungen oder durch Zuleitung;
2. die Lieferung von Zeitungen, Zeitschriften und Zeitungskorrespondenzen, die Lieferung von Plakaten durch öffentlichen Anschlag oder Aushang, nicht dagegen die Aufnahme von Anzeigen in Zeitungen oder Zeitschriften;
3. die Lieferung von Photographien und sonstigen Vervielfältigungen auch dann, wenn der zu vervielfältigende Gegenstand vom Unternehmer auf Bestellung des Beziehers hergestellt war;
4. die Lieferung von Waren, die noch ungetrennte Erzeugnisse oder Bestandteile einer beweglichen oder unbeweglichen Sache des Veräußerers sind (z. B. anstehendes Holz eines Waldes, ungeerntete Bodenfrüchte, auf Abbruch verkaufte Baulichkeiten, die Schafschur einer Schafherde).

II.

(1) Unter Lieferung ist die zur Erfüllung eines entgeltlichen Warenumsatzgeschäfts erfolgende Übergabe der Waren

zu verstehen. Lieferung ist auch die Verabreichung von Nahrungs- und Genußmitteln in Gast- und Schankwirtschaften, Speisewirtschaften und Pensionen, in Kaffeehäusern, Konditoreien usw., nicht auch im eigenen Haushalt auf Grund eines Dienst-, Arbeits- oder Lehrvertrags. Die Sachleistung aus einem Kaufgeschäft ist Lieferung auch dann, wenn es sich nicht um eine Leistung auf vorgängige Bestellung handelt, sondern wie z. B. beim Barverkauf im offenen Ladengeschäft oder wie beim Warenvertriebe durch Automaten Leistung und Gegenleistung ohne vorgängige Bestellung Zug um Zug geschehen. Die Übergabe versteigerter Waren in einem Zwangsvollstreckungsverfahren gilt nicht als Warenlieferung im Sinne des Gesetzes.

(2) Übergabe ist auch die sogenannte symbolische Übergabe, z. B. durch Aushändigung der Schlüssel des Lagerraums, bei Seeschiffen auch die Einigung über den Eigentumsübergang (vgl. Handelsgesetzbuch § 474).

(3) Sofern der Erwerber bereits im Besitze der Ware ist, steht der Übergabe der Ware die Einigung gleich, daß das Eigentum übergehen soll.

(4) Ist der Veräußerer im Besitze der Ware, so ist die Übergabe auch damit bewirkt, daß zwischen dem Veräußerer und dem Erwerber ein Rechtsverhältnis vereinbart wird, vermöge dessen der Erwerber den mittelbaren Besitz erlangt.

(5) Ist die Ware im Besitz eines Dritten und ist der Veräußerer Eigentümer, so ist die Übergabe auch damit bewirkt, daß der Veräußerer dem Erwerber den Anspruch auf Herausgabe der Sache abtritt. Die Übertragung eines Lieferscheins gilt im Zweifel nicht als Abtretung des Herausgabeanspruchs.

(6) Sofern bei Lieferungen aus Werkverträgen, wie z. B. bei Einfügung des zu liefernden Werkes in eine dem Besteller

gehörige Sache, keine Übergabe stattfindet, tritt an die Stelle der Übergabe die Abnahme des Werkes.

III.

(1) Werden Waren durch Vermittlung eines Kommissionärs (§§ 383, 406 des Handelsgesetzbuchs) in der Weise umgesetzt, daß der Kommissionär die Ware in Natur übertragen erhält und sie weiter übergibt, so gilt sowohl das Geschäft zwischen dem Kommissionär und dem Dritten als auch das Geschäft zwischen dem Kommissionär und dem Kommittenten als entgeltliches Warenumsatzgeschäft im Sinne des Grundsatzes II Abs. 1.

(2) Werden bei einem Kommissionsgeschäfte die Waren nur einmal in Natur übergeben, so gilt dies nur als Warenlieferung desjenigen, der die Ware in Natur überträgt.

IV.

(1) Leistungen aus Werkverträgen unterliegen dem Warenumsatzstempel nicht, wenn Gegenstand des Werkvertrags, wie z. B. bei musikalischen Darbietungen, lediglich ein durch Arbeit oder Dienstleistung herbeizuführender Erfolg ist. Werden bei der Arbeits- oder Dienstleistung vom Unternehmer zu beschaffende Stoffe verbraucht, wie Verbandzeug und Heilmittel bei ärztlichen Operationen, Füllmasse bei Zahnplombierungen, Chemikalien bei der Bleicherei, Seife oder Benzin bei der Wäscherei oder der chemischen Reinigung, Gas und Elektrizität bei öffentlichen Lichtreklamen, so gilt die Nebenleistung nicht als Warenlieferung.

(2) Bildet den Gegenstand des Werkvertrags die Herstellung, Veränderung oder Ausbesserung von Sachen, so liegt eine der Warenlieferung gleichzustellende Lieferung vor, wenn die Sachen vom Unternehmer aus oder mit von ihm

zu beschaffenden Stoffen herzustellen, zu ändern oder auszubessern sind und es sich hierbei nicht bloß um Zutaten oder Nebensachen handelt.

(3) Unter die Herstellung von Sachen, die als Lieferung aus Werkverträgen anzusehen ist, fällt die Herstellung von Sachen auch dann, wenn in Ausführung des Werkvertrags die hergestellte Sache mit dem Grund und Boden als wesentlicher Bestandteil fest verbunden wird. Dem Umsatzstempel unterliegen hiernach z. B. die vertragsmäßige Errichtung von Gebäuden oder Brücken, der Bau von Wasser- oder Gasleitungen, Überlandzentralen und Talsperren. Dem Umsatzstempel unterliegen gleichfalls die Lieferungen bei Neu- und Umbauten, wie z. B. des Zimmerwerks, der Türen, Fenster und Schlösser, der Öfen, der Parkettfußböden.

(4) Ob sich der vom Unternehmer zur Ausführung des Werkes zu beschaffende Stoff als Zutat oder Nebensache darstellt, richtet sich nach seinem Verhältnis zu dem übernommenen Werke. Ist der Stoff hiernach nicht als Nebensache anzusehen, so wird er es auch nicht dadurch, daß das aus oder mit ihm hergestellte Werk mit dem Grund und Boden oder mit einer anderen beweglichen Sache als wesentlicher Bestandteil verbunden wird und im Verhältnis zum Grund und Boden oder zu der anderen Sache als Nebensache anzusehen ist. Hiernach sind z. B. beim Einbau von durch den Unternehmer hergestellten Maschinenersatzteilen in eine Maschine des Bestellers oder von durch ihn hergestellten Karosserien in Kraftwagen des Bestellers die Ersatzteile und die Karosserien nicht als Nebensachen anzusehen.

(5) Als Zutaten und Nebensachen gelten insbesondere Stoffe, die, wie Nähzwirn, Borden, Futterstoffe, Heftel, Knöpfe bei der Schneiderei, zur Durchführung des Arbeitsganges erforderlich sind, und Stoffe, die zur Zurüstung des

Gegenstandes zum unmittelbaren Gebrauche dienen, wie die Appreturmasse zur Appretur der Waren, Farbstoffe und Lacke zum Färben, Anstreichen, Lackieren und Bedrucken der Gegenstände, Metalle und Metallegierungen zur Vergoldung, Versilberung, Verzinnung, Verzinkung usw. Wird der zur Zurüstung verwendete Gegenstand, wie z. B. Straußenfedern beim Aufputz von Damenhüten, nicht wesentlicher Bestandteil der herzustellenden Sache, so ist die Verwendung als Warenlieferung anzusehen, wenn der Gegenstand nach der Lösung aus der Verbindung noch als selbständige Ware zu dienen geeignet wäre.

(6) Als Nebensachen gelten bei einem Kunstwerk (Gemälde, Bildwerk) die Leinwand, die Farben, der Marmor, die Bronze usw., die der Künstler zur Herstellung des Werkes beschafft hat.

V.

(1) Wird mit einer Warenlieferung eine andere Leistung, insbesondere die Einräumung der Benutzung gewisser Einrichtungen, verbunden und steht die andere Leistung (z. B. die Auslegung von Zeitungen, Zeitschriften, Büchern usw. oder die Darbietung von Konzerten in Kaffeehäusern und Schankwirtschaften, die leihweise Aufstellung von Meßapparaten oder die leihweise Lieferung von Gebrauchseinrichtungen bei der Lieferung von Gas, elektrischem Strom oder Wasser) zur Warenlieferung im Verhältnis der Nebenleistung zur Hauptleistung, so ist der vereinbarte Gesamtbetrag der Zahlung der Steuerberechnung zugrunde zu legen, sofern nicht zwischen den Beteiligten eine besondere Vergütung für die andere Leistung oder für die Warenlieferung ohne die andere Leistung vereinbart ist. Sind für eine Warenlieferung, je nachdem mit ihr die andere Leistung verbunden ist oder nicht, besondere

Tarife festgesetzt, so gilt in Höhe des Unterschieds der Preise eine besondere Vergütung für die andere Leistung vereinbart.

(2) Stehen die Warenlieferung und die andere Leistung nicht im Verhältnis von Hauptleistung zur Nebenleistung, wird z. B. Beherbergung und Beköstigung an Hotel- oder Sommergäste zu einem bestimmten einheitlichen Pensionssatz gewährt, so ist der Steuerpflichtige berechtigt, für die Steuerberechnung von dem Gesamtbetrage der Zahlungen für beide Leistungen einen angemessenen Betrag als Entgelt für die andere Leistung in Abzug zu bringen, sofern die letztere nur gegen eine Vergütung zu erwarten war. Steht die Warenlieferung zu der anderen Leistung im Verhältnis der Nebenleistung zur Hauptleistung, so bleibt sie für die Erhebung der Abgabe außer Betracht.

(3) Bei Lieferungen aus Werkverträgen, die den Warenlieferungen gleichzustellen sind, ist der Gesamtbetrag der Zahlung für die Herstellung des Werkes auch dann der Steuerberechnung zugrunde zu legen, wenn für den zu beschaffenden Stoff und für die geleistete Arbeit besondere Preise veranschlagt waren.

(4) Wird die Lieferung aus einem Werkvertrage mit einer anderen Leistung verbunden, die nicht in einer steuerpflichtigen Warenlieferung oder Werklieferung besteht, so finden die Absätze 1, 2 Anwendung.

VI.

(1) Als Entgelt für die Warenlieferung oder die Werklieferung gilt die Gesamtheit der Leistungen, die der Empfänger zur Erlangung der Lieferung zu bewirken verpflichtet ist. Vgl. aber Grundsatz VIII Abs. 3.

(2) Hat der Steuerpflichtige von der gelieferten Ware Zoll oder eine Verbrauchsabgabe entrichtet, so kann er den

Betrag der Abgabe für die Steuerberechnung auch dann nicht in Abzug bringen, wenn er die Abgabe dem Abnehmer gesondert in Rechnung gestellt hat. Vermittlergebühren können gleichfalls nicht abgezogen werden.

(3) Die Kosten der Übersendung, Versicherung usw. der Ware können weder von dem vereinbarten Warenpreise abgezogen werden, wenn die Ware frei von diesen Kosten zu liefern war, noch sind sie den Warenpreisen hinzuzuschlagen, wenn der Abnehmer die Kosten zu tragen hatte.

(4) Ist die Warenumschließung in den Lieferungspreis mit eingerechnet, so kann ein Abzug für sie auch dann nicht gemacht werden, wenn der Warenlieferer sich verpflichtet hat, die Umschließung gegen Gewährung einer bestimmten Vergütung zurückzunehmen.

(5) Ist in den Lieferungspreis bei Gewährung eines Zahlungsziels eine Verzinsung der Lieferungsschuld eingerechnet, so unterliegt der volle Lieferungspreis der Besteuerung. Ist dem Abnehmer die Gewährung eines Skontoabzugs für den Fall der Zahlung innerhalb bestimmter Frist zugestanden, so ist der wirklich gezahlte Zahlungsbetrag maßgebend. Ebenso sind Abzüge am Kaufpreis, die als Rabatt, auch in der Form der Gewährung von Rabattsparmarken, oder als Folge nicht ordnungsmäßiger Lieferung gewährt werden, zu berücksichtigen. Verzugszinsen sind außer Betracht zu lassen.

VII.

(1) Als Bezahlung der Lieferung gilt jede Leistung des Gegenwerts, auch wenn sie nicht durch Barzahlung erfolgt. Hiernach ist als Bezahlung insbesondere anzusehen:

1. die Tilgung der Schuld durch Geldzahlung und die Überweisung des Geldbetrags durch die Post oder eine Bank;

2. die Hingabe von Wechseln, Schecks und sonstigen Anweisungen oder Verpflichtungsscheinen, sofern sie an Zahlungs Statt gegeben werden, sowie die Einlösung dieser Papiere, sofern sie nur zahlungshalber gegeben waren;
3. die Aufrechnung gegen eine andere Schuld und die Verrechnung im Kontokurrentverkehr;
4. bei Tauschgeschäften jede der beiden Leistungen als Bezahlung der anderen. Bei Hingabe an Zahlungs Statt ist das Geschäft als Tauschgeschäft zu behandeln.

(2) Der Bezahlung der Lieferung stehen die Leistungen gleich, die der Lieferer auf dem Wege der Abtretung oder der sonstigen Verwertung der Forderung erhält.

VIII.

Zum Zusatz 4 der Tarifnummer 10.

(1) Unter Übertragung der Ware in Natur im Sinne des Zusatzes 4 der Tarifnummer 10 ist die Übergabe der Ware gemäß den Grundsätzen unter II zu verstehen.

(2) Eine wiederholte Lieferung in Natur findet nicht statt, und es ist der Umsatzstempel nur einmal zu entrichten:

1. wenn der Käufer einer bestimmten Ware (nicht vertretbaren Sache, ausgeschiedenen Warenmenge), bevor ihm der Verkäufer das Eigentum daran verschafft hatte, seinen Anspruch aus dem Kaufvertrage bei der Weiterveräußerung an seinen Käufer abtritt und dieser vom ursprünglichen Verkäufer in Erfüllung des abgetretenen Anspruchs die Sache geliefert erhält;
2. wenn mehrere Kauf- und Anschaffungsgeschäfte über Warenmengen gleicher Art, z. B. im Warenterminhandel, in der Weise abgewickelt werden, daß der Verkäufer aus dem einen Geschäfte zur Erfüllung seiner

Lieferungsverbindlichkeiten seinem Käufer den Anspruch abtritt, der ihm als Käufer aus einem anderen Geschäfte gegen seinen Verkäufer zusteht, und der letztere zur Erfüllung dieses Anspruchs die Ware an den letzten Käufer übergibt;

3. wenn zur Abwickelung der Lieferungsverbindlichkeiten aus mehreren Kauf- und Anschaffungsgeschäften über Warenmengen gleicher Art zwischen den Beteiligten im Wege des Skontrierungsverfahrens abgerechnet wird und die hierbei nicht ausgeglichenen Lieferungsverbindlichkeiten von denjenigen, die noch zu liefern haben, an diejenigen, denen noch zu liefern ist, durch Übergabe der Ware erledigt werden.

(3) In den vorstehend zu 1 bis 3 bezeichneten Fällen hat derjenige, der die Waren in Natur überträgt, den Umsatzstempel vom Betrage der Bezahlung zu entrichten, die er aus dem von ihm abgeschlossenen Geschäft erhalten hat; ist die Lieferung aus diesem Geschäft stempelfrei, so kommt eine Abgabe überhaupt nicht zur Erhebung. Das gleiche gilt für Kommissionsgeschäfte im Falle des Grundsatzes III Abs. 2.

IX.

Zum Zusatz 5 der Tarifnummer 10.

(1) Eine Übertragung der Ware durch Lagerschein im Sinne des Zusatzes 5 zu Tarifnummer 10 kommt nach § 363 Abs. 2, § 424 HGB. nur bei Order-Lagerscheinen der staatlich zur Ausstellung solcher Urkunden ermächtigten Anstalten in Betracht.

(2) Befindet sich eine ausländische zollpflichtige Ware, über die mittels Konnossements, Ladescheins oder Lagerscheins verfügt ist, zur Zeit der Übertragung des Warenpapiers durch den ersten inländischen Inhaber im Zollausland oder im ge-

bundenen Verkehre des Zollinlandes, so ist auch die Übertragung durch den ersten inländischen Inhaber des Papiers vom Umsatzstempel befreit. Das gleiche gilt für ausländische zollfreie Waren, wenn sie sich zu dem bezeichneten Zeitpunkt in dem inländischen Einfuhr-Seehafenplatz oder auf einem inländischen Lager befinden, von dem aus ihre Lieferung nach § 158 der Ausführungsbestimmungen umsatzstempelfrei ist.

X.

Zur Befreiungsvorschrift 2 der Tarifnummer 10.

(1) Unter Lieferung aus dem gebundenen Verkehre des Zollinlandes ist auch die Lieferung aus Privatlagern ohne amtlichen Mitverschluß oder aus fortlaufenden Konten zu verstehen.

(2) Die Befreiungsvorschrift 2 der Tarifnummer 10 für die Lieferung ausländischer zollpflichtiger Waren aus dem Ausland oder aus dem gebundenen Verkehre des Zollinlandes greift nicht Platz, wenn die Ware vor ihrer Lieferung in den freien Verkehr des Zollinlandes in dem Zollausschlußgebiet oder während sie sich im gebundenen Verkehre des Zollinlandes befindet, eine Verarbeitung oder eine solche Bearbeitung erfahren hat, die über den Zweck der Sortierung, Reinigung oder Erhaltung hinausgeht.

(3) Die Befreiung vom Umsatzstempel gilt nicht für ausländische zollpflichtige Waren, die nach der Verzollung auf ein inländisches Lager verbracht und von hier aus abgesetzt werden. Dagegen wird die Befreiung nicht dadurch ausgeschlossen, daß eine zur Zeit der Veräußerung noch nicht verzollte Ware vor der Lieferung verzollt wird.

(4) Die Befreiung für ausländische zollfreie Waren gilt, wenn die hierfür in § 158 der Ausführungsbestimmungen

vorgeschriebenen Voraussetzungen erfüllt sind, für alle ausländischen Waren, für welche zur Zeit ihrer Einführung ins Zollinland nach dem autonomen oder vertragsmäßigen Zolltarif oder auf Grund besonderer gesetzlicher Bestimmungen Befreiung vom Eingangszolle besteht. Sie gilt ferner für die aus dem freien Verkehr der Zollanschlüsse gelieferten Waren.

(5) Sind Waren nur unter zollamtlicher Kontrolle ihrer Verwendung zollfrei, so sind sie wie zollpflichtige Waren zu behandeln, d. h. sie sind von dem Umsatzstempel nur befreit, wenn sie aus dem Zollausland oder dem gebundenen Verkehre des Zollinlandes geliefert werden.

(6) Die Unterweser-Seehäfen und die Unterelbe-Seehäfen sind im Sinne des § 158 der Ausführungsbestimmungen als je ein Einfuhr-Seehafenplatz anzusehen.

XI.

Zur Befreiungsvorschrift 3 der Tarifnummer 10.

Auf Lieferungen nach dem Ausland durch den Hersteller der Waren ist die Befreiungsvorschrift 3 nicht anwendbar. Im übrigen gilt sie ohne Unterschied für im Inland erzeugte und für verzollte oder zollfreie ausländische Waren, sofern sie vom Ausführenden im Inland bezogen sind.

XII.

Zur Befreiungsvorschrift 4 der Tarifnummer 10.

Werden die Gas-, Elektrizitäts- oder Wasserwerke von einer privaten Gesellschaft betrieben, so gilt die Befreiungsvorschrift auch dann nicht, wenn Reich, Bundesstaaten, Gemeinden oder Gemeindeverbände als Gesellschafter oder in anderer Weise an ihnen beteiligt sind.

Zu § 76 des Gesetzes.

XIII.

(1) Ein Gewerbebetrieb im Sinne des Gesetzes ist jede auf Erzielung von Einnahmen aus Warenumsätzen gerichtete geschäftliche Tätigkeit.

(2) Unternehmungen, welche ausschließlich wohltätige Zwecke verfolgen, gelten nicht als Gewerbebetriebe.

XIV.

(1) Wird ein Geschäftsbetrieb als Ganzes veräußert, gilt der Grundsatz VII Abs. 2. Der Erwerber hat Zahlungen, die nach Übergang des Geschäfts bei ihm für Lieferungen aus der Zeit vor dem Übergang eingehen, nicht als Zahlungen für in seinem Betriebe gelieferte Waren zu versteuern.

(2) Im Falle der Liquidation oder der Eröffnung des Konkurses gilt der Betrieb im Sinne des § 76 Abs. 1 Satz 2 des Gesetzes für die Dauer des Liquidationsverfahrens oder Konkursverfahrens als fortbestehend.

XV.

Die Anmeldung hat den Gesamtbetrag der Zahlungen (vgl. oben VI, VII) zu umfassen, die der Gewerbetreibende im Laufe des Kalenderjahrs für die im Betriebe seiner inländischen Niederlassung gelieferten Waren erhalten hat. Gleichgültig ist, ob die Lieferung, für die die Zahlung geleistet wird, in demselben Kalenderjahr oder früher erfolgt ist oder im Falle der Vorauszahlung noch aussteht und ob die Zahlung im Inland oder im Ausland, z. B. auf ausländisches Bankkonto, erfolgt ist. Sind zur Begleichung des Lieferungspreises Wechsel oder Schecks nicht an Zahlungs Statt, sondern zahlungshalber gegeben, so ist der Zahlungsbetrag in dem Kalenderjahr in Rechnung zu stellen, in welchem die Wechsel oder Schecks eingelöst worden sind. Ist der Zahlungsbetrag in einem Kassenführungsverkehre gutgeschrieben worden, so ist der Tag maßgebend, mit dem der Betrag als gutgeschrieben gilt.

XVI.

Zu § 77 des Gesetzes.

Unter der Bareinzahlung im Sinne des § 77 Abs. 1 des Gesetzes ist lediglich die Zahlung im Gegensatze zur Entrichtung der Abgabe durch Entrichtung von Stempelmarken verstanden. Es ist mithin zulässig, die Abgabe auch im Postverkehr oder durch Banküberweisung oder bestätigten Scheck einzuzahlen.

XVII.

Zu § 81 des Gesetzes.

(1) Macht der Steuerpflichtige von dem nach § 81 zugelassenen Recht Gebrauch, den Gesamtbetrag des Entgelts für die in seinem Betriebe während des Steuerzeitraums erfolgten Lieferungen der Stempelentrichtung zugrunde zu legen, so wird die Abgabe von diesem Gesamtbetrag ohne Rücksicht darauf geschuldet, ob und wann Zahlung für die Lieferung eingeht.

(2) Was als Entgelt für die Warenlieferung anzusehen ist, bestimmt sich nach den Grundsätzen unter VI. Ist dem Unternehmer ein Skontoabzug für den Fall der Zahlung innerhalb bestimmter Frist zugestanden, so ist der vereinbarte Kaufpreis ohne den Skontoabzug maßgebend, falls nicht die Zahlung innerhalb des Steuerzeitraums erfolgt ist.

Zu § 83a und § 83b des Gesetzes.

XVIII.

Als Zahlungen für Warenlieferungen, die nicht im Betrieb eines inländischen Gewerbes erfolgen, kommen insbesondere in Betracht:

1. Zahlungen an Nichtgewerbetreibende oder an Gewerbetreibende für Warenlieferungen außerhalb eines Gewerbebetriebs. Hierher gehören insbesondere: Veräußerungen beweglicher Sachen von Nichtgewerbetreibenden, gleichviel ob die Veräußerung im Wege des freiwilligen Verkaufs oder im Wege der freiwilligen Versteigerung erfolgt, u. a. also Veräußerungen von gebrauchten Gegenständen oder Altmaterialien durch Privatpersonen, Behörden usw., insbesondere auch von Pfand- und Erbschaftsgegenständen. Als außerhalb des Gewerbebetriebs erfolgt ist auch die Veräußerung eines gewerblichen Betriebs im ganzen anzusehen. Bei Veräußerung von Grundstücken, insbesondere landwirtschaftlichen Gütern, unterliegt die Mitveräußerung des Zubehörs, insbesondere des Inventars, der Stempelpflicht. Als nicht unter § 76 Abs. 2 fallend, sondern hierher gehörig ist auch der Verkauf des Ertrags der Jagd zu rechnen;
2. Zahlungen an ausländische Gewerbetreibende, die im Inland kein stehendes Gewerbe betreiben;
3. Zahlungen, die nach Beendigung eines Gewerbebetriebs für Warenlieferungen aus diesem an den bisherigen Inhaber geleistet werden.

XIX.

Eine Zahlung gilt als im Inland erfolgt, wenn der Geldbetrag oder ein an Zahlungs Statt gegebener Wechsel oder

Scheck im Inland ausgehändigt oder der Geldbetrag bei einem inländischen Kassenhalter gutgeschrieben wird.

XX.

Übergangsfälle.

Die Steuerpflicht für Zahlungen, die nach dem 30. September 1916 geleistet werden, wird nicht dadurch berührt, daß sie für vor dem 1. Oktober 1916 gelieferte Waren erfolgt sind.

Sachregister.

(Die Zahlen bezeichnen die Seiten.)

A

B

Z

Guttentagsche Sammlung

Deutscher Reichsgesetze.

Text-Ausgaben mit Anmerkungen. Taschenformat.

---

1. **Verfassung des Deutschen Reichs.** Von Dr. **L. von Rönne.** 10. Aufl. von Landrat **P. von Rönne** und Regierungsassessor **von Dobbeler.** 1912. 2 M. 60 Pf.

2. **Strafgesetzbuch** für das Deutsche Reich nebst 20 d. wichtigsten strafrechtlichen Nebengesetze. Von Prof. Dr. **Franz v. Liszt** und Dr. **Ernst Delaquis.** 24. Aufl. 1914. 3 M.

3. **Militärstrafgerichtsordnung** nebst Einführungsgesetz. Von Wirkl. Geheimen Kriegsrat Dr. jur. **A. Romen** und Kriegsgerichtsrat Dr. jur. **Carl Rissom.** 1910. 6 M.

4. **Handelsgesetzbuch vom 10. Mai 1897** unter Ausschluß des Seerechts. 15. Aufl. Herausgegeben von Geh. Justizrat Prof. Dr. **A. Mosse.** 8°. 1915. 6 M.

5. **Wechselordnung vom 3. Juni 1908. Kommentar** von Justizrat Dr. **J. Stranz** und Rechtsanwalt Dr. **M. Stranz,** und das **Wechselstempelgesetz vom 15. Juli 1909** von Geh. Regierungsrat **P. Loeck.** 11. Aufl. 1913. 4 M.

5a. **Wechselstempelgesetz** apart. 11. Aufl. 1913. 1 M. 50 Pf.

6. **Reichsgewerbeordnung** nebst Ausführungsbestimmungen. 19. Auflage von Stadtrat Dr. **Karl Flesch** in Verbindung mit Dr. **Friedr. Hiller** und Dr. **Herm. Luppe.** 1915. 5 M.

7. **Post- und Telegraphen-Gesetzgebung.** Nebst Weltpostvertrag und internationalem Telegraphenvertrag. 6. Aufl. von Geh. Ober-Postrat Dr. **M. König.** 1908. 4 M.

8. **Die Reichsgesetze über den Unterstützungswohnsitz, die Freizügigkeit, den Erwerb und Verlust der Bundes- und Staatsangehörigkeit.** Von Geheimrat Dr. **J. Krech,** Mitglied des Bundesamtes für das Heimatwesen. 8. **Aufl.** 1913. 3 M. 60 Pf.

9. Sammlung **kleinerer strafrechtlicher Reichsgesetze.** Von Dr. **R. H. Kriegsmann,** Privatdozent in **Kiel.** 3. **Aufl.** 1910. 4 M.

10. **Das Reichsbeamtengesetz** von **J. Pieper.** 2. **Aufl.** 1901. 4 M. 50 Pf.

Reichsbeamtengesetz von 1907 siehe Nr. 82.

11. **Zivilprozeßordnung mit Gerichtsverfassungsgesetz.** Von **R. Sydow.** Fortgeführt von **L. Busch,** Reichsgerichtsrat, jetzt zugleich mit **A. Busch,** Gerichtsassessor. **14. Aufl.** mit Nachtrag, enth. die Novelle vom 9. Sept. 1915 über die Entlastung der Gerichte. 8°. 1913. 8 M. (Nachtrag einzeln 60 Pf.)

12. **Strafprozeßordnung und Gerichtsverfassungsgesetz** nebst den Gesetzen, betr. die Entschädigung der im Wiederaufnahmeverfahren freigesprochenen Personen und die Entschädigung für unschuldig erlittene Untersuchungshaft. Von Dr. **A. Hellweg,** Reichsgerichtsrat. **16. Aufl.** mit Nachtrag, enth. die Bekanntmachung über die Entlastung der Strafgerichte von Professor Dr. **Kohlrausch.** 1912. 3 M.

13. **Konkursordnung und Anfechtungsgesetz.** Von **R. Sydow.** Fortgeführt von **L. Busch. 12. Aufl.** 1916. 3 M. 80 Pf.

14. **Gerichtsverfassungsgesetz** mit Einführungsgesetz. Herausgegeben von **R. Sydow.** Fortgeführt von **L. Busch. 9. Aufl.** 1905. Mit Nachtrag, enthaltend die Novelle vom 1. Juni 1909. 1 M. 50 Pf.

15. **Das Deutsche Gerichtskostengesetz nebst den Gebührenordnungen für Gerichtsvollzieher, Zeugen und Sachverständige.** Mit Nachtrag, enthaltend die Bestimmungen vom 10. Juni 1914. Von **R. Sydow.** Weiter bearbeitet von Reichsgerichtsrat **L. Busch** und Gerichtsassessor **Arno Busch. 9. Aufl.** mit Nachtrag, enth. die Novelle vom 10. Juni 1914. **1912. 2 M. 60 Pf.**

16. **Rechtsanwaltsordnung.** Von **R. Sydow. 5. Aufl.** von Justizrat **M. Jacobsohn.** 1907. Mit **Nachtrag, enthaltend** die Bestimmungen vom 22. Mai 1910. 1 M. 20 Pf.

17. **Die Deutsche Gebührenordnung für Rechtsanwälte und das Preußische Gebührengesetz** vom 27. September/6. Oktober 1899. Von **R. Sydow.** Fortgeführt von **L. Busch** und Amtsrichter **A. Busch. 11. Aufl.** 1914. 3 M.

18. **Reichsstempelgesetz** vom 3. Juli 1913. (Börsen-, Lotterie- [Spiel und Wette], Frachturkunden-, Fahrkarten-, Kraftfahrzeug-, Tantieme-, Scheck- und Grundstücksübertragungssteuer.) Mit den gesamten Ausführungsbestimmungen. **12. Aufl.** von Geh. Regierungsrat **P. Loeck**, mit Nachtrag, enth. das **Frachturkunden-** und **Warenumsatzstempelgesetz** vom 17. und 26. Juni 1916. 1914. 8°. 9 M. Nachtrag einzeln 1 M. 50 Pf.

19. **Die Seegesetzgebung.** Von Dr. **W. E. Knitschky. 5. Aufl.** bearbeitet von Oberlandesgerichtsrat **Otto Rudorff** in Hamburg. 1913. 8 M.

20. **Krankenversicherungsgesetz.** Von weil. Dr. **E. von Woedtke.** Neue Fassung. Siehe Bd. 107.

21. **Die Konsulargesetzgebung.** Von Professor Dr. **Ph. Zorn. 3. Aufl.** bearbeitet von Reg.-Assessor Dr. **A. Zorn.** 1911. 4 M. 50 Pf.

22. **Patentgesetz.** Nebst Ausführungsbestimmungen, völ r-rechtlichen Verträgen und der Patentanwalts-Ordn g. 7. Aufl. bearbeitet von R. Lutter, Geh. Reg.-Ra n Kaiserl. Patentamt. 1908. 2 M. 80 Pf.

23. **Gewerbe-Unfallversicherungsgesetz.** Von weil. Dr. **E. von Woedtke.** Siehe Bd. 108.

24. **Aktiengesellschaft und Kommanditgesellschaften auf Aktien.** Von Kammergerichtsrat Dr. **H. Keyßner** und Justizrat Dr. **H. Veit Simon. 6. Aufl.** von Amtsrichter **L. Keyßner.** 1911. 3 M.

25. **Brausteuergesetz.** vom 15. Juli 1909. Von **A. Düffe,** Oberzollrevisor. **2. Aufl.** 1910. 3 M.

26. Die Reichsgesetzgebung über **Münz- und Notenbankwesen,** Papiergeld, Prämienpapiere und Reichsschulden. Von Dr. jur. **R. Koch,** Präsident des Reichsbankdirektoriums. **6. Aufl.** 1910. 4 M.

27. Die Gesetzgebung, betr. das **Gesundheitswesen** im Deutschen Reich. Von Dr. jur. **C. Goesch** und Dr. med. **J. Karsten.** 1888. 1 M. 60 Pf.

28. **Bau-Unfallversicherungsgesetz.** Vom 30. Juni 1900. Von **R. Chrzescinski.** Siehe Bd. 108.

29. **Erwerbs- und Wirtschaftsgenossenschaften.** Von **L. Parisius** und Dr. **H. Crüger. 15. neu bearb. Aufl.** von Dr. **H. Crüger.** 1916. 2 M. 60 Pf.

30. **Invalidenversicherungsgesetz** vom 13. Juli 1899. Von **weil. Dr. E. von Woedtke.** Neue Fassung. Siehe Bd. 109.

31. **Gewerbegerichtsgesetz.** Von Stadtrat **L. Mugdan. 7. Aufl.** bearbeitet von **W. Cuno**, Oberbürgermeister zu Hagen i. W. 1911. 2 M. 50 Pf.

32. Reichsgesetz, betr. die **Gesellschaften mit beschränkter Haftung.** Von **L. Parisius** und Dr. **H. Crüger. 13. Aufl.** von Dr. **H. Crüger.** 1914. 2 M.

33. **Vereins- und Versammlungsrecht.** Von Dr. **E. Ball. 2. Aufl.** von Dr. **F. Friedenthal.** 1907. 2 M. 50 Pf.

Reichs-Vereinsgesetz vom 19. April 1908 siehe Nr. 88.

34. Die **Abzahlungsgeschäfte.** Gesetz vom 16. Mai 1894. **3. vermehrte Aufl.** besorgt von Dr. **E. Wilke**, Landgerichtsrat. 1910. 1 M. 25 Pf.

35. Die **Reichs-Eisenbahngesetzgebung.** Von **W. Coermann,** Kaiserl. Amtsrichter. 1895. 2 M. 25 Pf. S. auch Bd. 66.

36. Gesetze, betr. die **privatrechtlichen Verhältnisse der Binnenschiffahrt und der Flößerei.** Von **E. Löwe,** Landgerichtsrat. **5. Aufl.** 1915. 3 M. 60 Pf.

37. Gesetz gegen den **unlauteren Wettbewerb.** Von Justizrat **A. Pinner. 6. Aufl.** 1912. 1 M. 50 Pf.

38/39. **Bürgerliches Gesetzbuch nebst Einführungsgesetz** von Dr. **A. Achilles.** In Verbindung mit Professor Dr. **André,** Kammergerichtsrat **Ritgen,** Reichsgerichtsrat Dr. **Strecker,** Staatsrat Dr. **v. Unzner** herausgegeben von Wirkl. Geh. Ober-Justizrat u. Oberlandesgerichtspräsident **Greiff.** 8. vermehrte **Aufl.** 8°. 1916. 10 M.

40. Gesetz, betr. die Pflichten der Kaufleute bei Aufbewahrung fremder Wertpapiere (Depotgesetz). Mit Erläuterungen. Von F. Lusensky, Geh. Ober-Regierungsrat. 3. Aufl. 1916. 2 M. 25 Pf.

41. Börsengesetz. Von Wirkl. Geh. Ober-Regierungsrat Th. Hemptenmacher. 8. Aufl. von Syndikus O. Meyer. 1915. 3 M. 60 Pf.

42. Grundbuchordnung nebst den preußischen Ausführungsbestimmungen. Mit Einleitung. Von Prof. Dr. O. Fischer. 6. Aufl. mit Nachtrag, die Ergänzungen enthaltend. 1912. 2 M.

43. Zwangsvollstreckung in das unbewegliche Vermögen im Reiche und in Preußen. Mit Einleitung, Kosten- und Gebührentabellen. Von Dr. J. Krech u. Dr. O. Fischer. 8. Aufl. bearbeitet von Professor Dr. O. Fischer. 1916. 2 M 80 Pf.

44. Das Reichsgesetz über das Auswanderungswesen vom 9. Juni 1897. Von Professor Dr. Felix Stoerk. 1899. 2 M. 25 Pf.

45. Das Entmündigungsrecht unter Berücksichtigung der für Preußen geltenden Vorschriften nebst der preußischen Justiz-Ministerial-Verfügung vom 28. November 1899. Von Landgerichtsrat Dr. P. Noll in Cöln. 1900. 1 M. 50 Pf.

46. Die Gesetze des Reiches und Preußens über die freiwillige Gerichtsbarkeit. Von Herm. Jastrow, Amtsgerichtsrat. 5. Aufl. 1911. 3 M. 60 Pf.

47. Das deutsche Vormundschaftsrecht und das preuß. Gesetz über die Fürsorgeerziehung Minderjähriger nebst den dazu gehörigen preußischen Nebengesetzen. Von Oberverwaltungsgerichtsrat Max Schultzenstein und Amtsgerichtsrat Dr. Paul Köhne. 2. Aufl. 1901. 3 M.

48. Gesetze und Verordnungen, betr. den Drogen-, Gift- und Farbenhandel außerhalb der Apotheken. Von Dr. F. Broh, Rechtsanwalt. 1899. 1 M. 25 Pf.

49. Deutsche Kolonialgesetzgebung. Von Geh. Justizrat Professor Dr. Philipp Zorn. 2. Aufl. von Gerichtsassessor Dr. Sassen. 1913. 7 M. 50 Pf.

50. Der Viehkauf (Viehgewährschaft) nach dem Bürgerlichen Gesetzbuche unter Berücksichtigung des ausländischem Rechts Verordnung betr. die Hauptmängel und Gewährsfristen beim Viehhandel. Von Rechtsanwalt Dr. H. Stölzle und Königlichem Regierungs- und Veterinärrat H. Weiskopf. 5. Aufl. 1913. 6 M.

51. Hypothekenbankgesetz vom 13. Juli 1899. Von Dr. H. Göppert. 2. Aufl. Bearbeitet von Geh. Reg.-Rat Dr. Seidel. 1911. 2 M. 40 Pf.

52. Gesetz, betreffend die gemeinsamen Rechte der Besitzer von Schuldverschreibungen. Von Dr. Heinrich Göppert. 2. Aufl. bearbeitet von Amtsrichter Dr. E. Trendelenburg. 1915. 1 M. 80 Pf.

53. Reichspreßgesetz vom 7. Mai 1874. Mit Kommentar von Erstem Bürgermeister A. Born. 1911. 2. Aufl 2 M.

54. Die Reichsgesetzgebung über den Verkehr mit Nahrungsmitteln, Genußmitteln und Gebrauchsgegenständen. Von Dr. Georg Lebbin, Nahrungsmittelchemiker in Berlin. 1900. 2 M. 25 Pf.

55. Das Recht der Beschlagnahme von Lohn- und Gehaltsforderungen. Von Justizrat Georg Meyer. 5. Aufl. 1914. 2 M. 70 Pf.

56. Gesetz, betr. die **Bekämpfung gemeingefährlicher Krankheiten.** Nebst Ausführungsbestimmungen. Von Dr. **Bruno Burkhardt,** Regierungsrat, Mitglied des Kaiserl. Gesundheitsamts. 1900. 1 M. 40 Pf.

57. **See-Unfallversicherungsgesetz.** Von Dr. **Max Mittelstein,** Oberlandesgerichtsrat in Hamburg. Siehe Bd. 108.

58. **Das Recht der unehelichen Kinder** nach dem BGB. Von **Hermann Jastrow,** Amtsgerichtsrat. 1901. 1 M. 80 Pf.

59. Reichsgesetz über die **Beurkundung des Personenstandes und die Eheschließung.** Von Dr. **F. Fidler,** Amtsgerichtsrat. 1912. 2. Aufl. 2 M. 50 Pf.

60. Gesetz, betreffend das **Urheberrecht an Werken der Literatur und der Tonkunst.** Von Geh. Justizrat **Otto Lindemann.** 3. Aufl. 1910. 1 M. 60 Pf.

61. Gesetz über das **Verlagsrecht.** Von Justizrat **E. Heinitz.** 2. Aufl. Bearbeitet von Rechtsanwalt Dr. **Br. Marwitz.** 1911. 1 M. 80 Pf.

62. Gesetz über **private Versicherungsunternehmungen.** Von **H. Könige,** Reichsgerichtsrat. 2. Aufl. 1910. 4 M. 20 Pf.

63. **Gesetzestafel des Deutschen Reichsrechts.** Systematisch geordnete Nachweisung des z. Z. geltenden Reichsrechts. Von **Hugo Bruhns,** Bürgermeister. 1913. 2. Aufl. 3 M. 50 Pf.

64. Gesetzsammlung betr. den **Handel mit Drogen und Giften.** Reichsgesetzliche Bestimmungen und Anhang mit den landesgesetzlichen Verordnungen sämtlicher Bundesstaaten. Von Rechtsanwalt **H. Sonnenfeld,** Syndikus der Berliner Drogisten-Innung. 2. Aufl. 1912. 4 M.

65. **Das Weingesetz** in der Fassung von 1909. Mit Ausführungsbestimmungen von Dr. **Georg Lebbin**, Nahrungsmittelchemiker. 2. Aufl. 1909. 2 M. 50 Pf.

66. **Die Eisenbahn-Gesetzgebung.** Von **W. Pietsch**, Rechnungsrat im Reichs-Eisenbahn-Amt. 2. Aufl. 1913. 3 M. 60 Pf.

67. **Militär-Strafgesetzbuch für das Deutsche Reich** mit der Novelle vom 8. 8. 1913. Von Wirklichem Geheimen Kriegsrat Dr. **A. Romen** und Kriegsgerichtsrat Dr. **C. Rissom.** 2. Aufl. 1916. 10 M.

68. **Das Fleischbeschaugesetz.** Vom 3. Juni 1900. Von Dr. **Georg Lebbin**, Nahrungsmittelchemiker und Rechtsanwalt Dr. **Georg Baum.** 1903. 4 M.

69. **Reichsgesetz über die Naturalleistungen der bewaffneten Macht im Frieden** nebst den in Preußen geltenden Bestimmungen. Von Landrat Dr. **Walter v. Hippel.** 1903. 1 M. 25 Pf.

70. **Das Reichs-Haftpflichtgesetz,** vom 7. Juni 1871. Von Regierungsrat Dr. **G. Eger.** 1903. 3 M.

71. **Kinderarbeit in gewerblichen Betrieben,** vom 30. März 1903. Von **H. Spangenberg,** Oberverwaltungsgerichtsrat. 2. Aufl. 1904. 1 M. 60 Pf.

72. **Unfallversicherungsgesetz für Land- und Forstwirtschaft** von weil. Dr. **E. von Woedtke.** Siehe Band 108.

73. **Entschädigung für unschuldig erlittene Verhaftung und Bestrafung.** Nebst Anhang, enthaltend die dazu gehörigen Nebengesetze über Schadensersatz. Von Dr. jur. **A. Romen,** Wirklichem Geheimen Kriegsrat, 1904. 2 M.

74. **Die Kaufmannsgerichte** nebst den preuß. Ausführungsbestimmungen. Von Professor Dr. **Max Apt.** **3. Aufl.** 1905. 2 M. Siehe auch Bd. 112.

75. Reichsgesetz über die **Konsulargerichtsbarkeit.** Von Dr. jur. **A. F. Vorwerk,** Rechtsanwalt in Schanghai. 2. Ausgabe, mit dem Schutzgebietsgesetz und der Ausführungsverordnung, betr. die Rechtsverhältnisse in den Schutzgebieten. 1908. 2 M.

76. **Die Rechtshilfe im Verkehr mit den ordentlichen Gerichten nach deutschem Reichsrecht.** Von Landrichter Dr. **A. Friedländer.** 1906. 1 M. 80 Pf.

77. **Das Reichserbschaftssteuergesetz.** Vom 3. Juni 1906. Von **Ulrich Hoffmann,** Rechnungsrat im Königl. Preuß. Finanzministerium. **2. Aufl.** mit Nachtrag, enth. die Bestimmungen v. 3. Juli 1913. 1911. 5 M.

78. **Zigarettensteuergesetz.** Vom 15. Juli 1909. Von Dr. **Cuno,** Regierungsassessor. 2. Aufl. in Vorbereitung.

79. **Die Militärpensionsgesetze** vom 31. Mai 1906 nebst Ausführungsbestimmungen. Zum Gebrauch für Heer, Marine und Schutztruppe von Dr. jur. **A. Romen,** Wirklicher Geheimer Kriegsrat.

a) I. Teil: Offizierpensionsgesetz. 1907. 3 M. 50 Pf.

b) II. Teil: Mannschaftsversorgungsgesetz. 1908, mit Nachtrag, enth. **Kapitalabfindungsgesetz** vom 3. Juli 1916. 3 M. 50 Pf.

80. Reichsgesetzgebung über **gerichtliche Registerführung.** Von **Otto Lindemann, Geh. Justizrat.** 1906. 3 M.

81. Gesetz, betr. **Urheberrecht an Werken der bildenden Künste und der Photographie.** Von Dr. **Ludwig Fuld**, Rechtsanwalt. 1907. 1 M.

82. **Reichsbeamtengesetz** in der Fassung vom 18. Mai 1907 und seine Ergänzungen von Geheimrat Professor Dr. **Adolf Arndt.** 1908. 3 M.

83. Reichsgesetz über **den Versicherungsvertrag** nebst Einführungsgesetz. Von Dr. **Paul Hager** und Dr. **E. Bruck. 3. vermehrte und verbesserte Auflage.** 1913. 6 M.

84. **Sammlung kleinerer privatrechtlicher Reichsgesetze** von Oberlandesgerichtsrat **Georg Müller.** 1908. 6 M. 50 Pf.

85. **Scheckgesetz** mit Einleitung usw. Von Prof. Dr. **Max Apt. 5. Aufl.** Mit Postscheckordnung vom 6. Nov. 1908 und im Anhang „Besteuerung des Schecks". 1909. 2 M.

86. **Die Auslieferungsverträge des Deutschen Reiches** von Landrichter **A. Cohn.** 1908. 4 M.

87. Gesetz zum **Schutz der Warenbezeichnungen.** Von Geh. Reg.-Rat, Mitglied des Patentamts Dr. **Freund** und Rechtsanwalt **Magnus. 5. Aufl.** 1909. 3 M. 50 Pf.

88. **Vereinsgesetz** vom 19. April 1908. Von Dr. jur. **A. Romen,** Wirkl. Geh. **Kriegsrat. 4.** durch einen Nachtrag, enthaltend die **neuen Bestimmungen** über **Jugendliche und Gewerkschaften,** vermehrte **Aufl.** 1916. 3 M. 50 Pf.
Nachtrag: Einzeln 1 M. 50 Pf.

89. **Vogelschutzgesetz** vom 30. Mai 1908 nebst den das Flugwild betr. Bestimmungen der Preußischen Jagdordnung von Dr. jur. **Leo von Boxberger.** 1908. 1 M.

90. Die Haager Abkommen über das **Internationale Privatrecht.** Von Dr. **G. A. E. Bogeng.** 1908. 2 M. 20 Pf.

91. **Eisenbahn-Verkehrsordnung** vom 23. Dez. 1908. Mit Ausführungsbestimmungen. Von Regierungsrat Dr. **Ernst Blume.** 1909. 2 M. 50 Pf.

92. **Gesetz,** betr. den **Verkehr mit Kraftfahrzeugen.** Von Amtsgerichtsrat **R. Kirchner.** 3. Aufl. 1915. 4 M.

93. **Gesetz** über die **Sicherung der Bauforderungen** von Justizrat Dr. **E. Harnier.** 3. Aufl. 1912. 1 M. 60 Pf.

94. **Haftpflicht der Reichs- und Staats-Beamten** von Dr. **H. Delius.** 2. Aufl. Mit dem Gesetz über Haftung des Reichs für Beamte vom 22. 5. 1910. 3 M. 50 Pf.

95. Die **Berner Uebereinkunft über internationales Urheberrecht** von Geh. Ob.-Reg.-Rat Dr. **Herm. Dungs.** 1910. 1 M.

96. **Branntweinsteuergesetz** vom 15. Juli 1909. Unter Berücksichtigung der für das Reich erlassenen Ausführungsbestimmungen und Kriegsverordnungen. 1. Aufl. von Geh. Reg.-Rat **Johs. Nay.** 2. Aufl. bearbeitet von Reg.-Ass. Dr. **K. Kniebe,** Hilfsarbeiter im Reichsamt des Innern. 1916. 4 M.

97. **Schutzgebietsgesetz** nebst Verord. betr. die Rechtsverhältnisse in den Schutzgebieten, dem Gesetz über die Konsulargerichtsbarkeit sowie den Ausführungsbest. Von **Johs. Gerstmeyer,** Wirkl. Legationsrat und vortrag. Rat im Reichskolonialamt. 1910. 3 M.

98. **Sechs Haager Abkommen über Internationales Privatrecht.** Von Geh. Ob.-Reg.-Rat Dr. **Herm. Dungs.** 1910 1 M. 50 Pf.

99. **Die Abkommen der Haager Friedenskonferenz.** Von Dr. jur. **Hans Wehberg.** 1910. 3 M.

100. Gesetz über den **Absatz von Kalisalzen.** Von Geh. Bergrat **Carl Voelkel.** 1910. 2 M. 40 Pf.

101. **Zuwachssteuergesetz** vom 14. Februar 1911. Von Dr. **W. Cuno,** Geheimer Regierungsrat im Reichsschatzamt. 1911. 3 M. 60 Pf.

102. **Urheberrecht an Mustern und Modellen** u. Ges. betr. Schutz v. Gebrauchsmustern von Reg.-Rat **Johs. Neuberg**, Mitgl. d. K. Patentamts. 1911. 2 M. 40 Pf.

103. **Reichs-Viehseuchengesetz** vom 26. Juni 1909 nebst Ausführungsvorschriften u. dem preuß. Ausführungsgesetz. Von Landrat Dr. **Walter v. Hippel**. 2. Aufl. 1912. 4 M. 50 Pf.

104. **Versicherungsgesetz** für Angestellte vom 20. Dez. 1911. Von Rechtsanwalt **O. Bernstein** und Dr. **J. Kupferberg**. 2. Aufl. 1912. 3 M. 50 Pf.

105. **Das Geldwesen in den deutschen Schutzgebieten.** Von **W. Hintze**, Geh. Sekretär i. Reichskol.-Amt. 1912. 2 M.

106—109. **Reichs-Versicherungsordnung nebst Einführungsgesetz:** Herausgegeben unter Mitwirkung von Dr. **F. Caspar**, Wirkl. Geh. Rat, Direktor im Reichsamt d. Innern und **A. Spielhagen**, Geh. Ob.-Reg.-Rat, vortr. Rat im Reichsamt d. Innern. 4 Bände.

106. I., V. u. VI. Buch. **Gemeinsame Vorschriften. — Beziehungen der Versicherungsträger zu einander und zu anderen Verpflichteten. — Verfahren.** Von Dr. **K. Lippmann**, Reg.-Rat im Reichsversicherungsamt, Geh. Reg.-Rat Dr. **L. Laß** und Geh. Reg.-Rat **H. Siefart**, vortrag. Räte im Reichsamt des Innern. 1913 6 M.

107. II. Buch. **Krankenversicherung.** Von Geh. Reg.-Rat **H. Siefart** und Reg.-Rat Dr. **F. Sitzler**. 1916. 7 M. 50 Pf.

108. III. Buch. **Unfallversicherung.** Von Geh. Reg.-Rat **A. Radtke**, Senatsvors. im Reichsvers.-Amt. 1913. 8 M.

109. IV. Buch. **Invaliden- und Hinterbliebenenversicherung.** Von Geh. Ober-Reg.-Rat **B. Jaup**, vortrag. Rat im Reichsamt des Innern, und **H. Follmann**, Geh. Reg.-Rat im Reichsversicherungsamt. 1912. Mit Nachtrag. 1914—1916. 4 M.

110. **Wehrbeitragsgesetz** mit Ausführungsbestimmungen. Von Geheimem Ober-Finanzrat **A. Fernow**. 2. Aufl. 1913. 2 M.

111. **Reichs- und Staatsangehörigkeitsgesetz.** Vom 22. Juli 1913. Von Dr. **A. Romen**, Wirklichem Geheimen Kriegsrat. 1913. 2 M. 20 Pf.

112. **Kaufmannsgerichtsgesetz** und die anzuwendenden Bestimmungen des Gewerbegerichtsgesetzes. Von Magistratsrat Dr. **H. Depène,** Vorsitzender des Kaufmannsgerichts Berlin. 1914. 2 M. 60 Pf.

113. **Postscheckgesetz.** Von Oberpostinspektor **J. Weiland.** 1914. 1 M. 50 Pf.

113a. **Postscheckordnung** mit Ausführungsbestimmungen. Von Oberpostinspektor **J. Weiland.** 1914. 1 M. 50 Pf.

114. **Waffengebrauch und Festnahmerecht des Militärs.** Von Dr. **A. Romen,** Wirkl. Geh. Kriegsrat und Dr. **C. Rissom,** Kriegsgerichtsrat. 1914. 2 M.

115. **Das vertragliche Wettbewerbsverbot (Konkurrenzklausel).** Nebst Kommentar zum Gesetz vom 10. Juni 1914. Von Rechtsanwalt Dr. **G. Baum.** 1914. 3 M.

116. **Kriegs-Zivil- und Finanzgesetze** vom 4. August 1914 und den dazu erlassenen Verordnungen und Bekanntmachungen. **3. Aufl.** 1915. 2 M. 40 Pf.

116a. **Kriegs-Zivil- und Finanzgesetze.** Zweite Folge. Das Jahr 1915. 1916. 2 M.

117. **Darlehnskassengesetz** von Rechtsanwalt **Salomon** und Bankvorsteher **Bud.** 1915. 2 M.

118. **Militärhinterbliebenengesetz** von Rechnungsrat **Neh.** 1915. Mit Nachtrag enth. das **Kapitalabfindungsgesetz** vom 11. Juli 1916. 2 M. 50 Pf.

119. **Kriegsleistungsgesetz** von Rechtsanwälten **Heilberg** und **Schäffer.** 1915. 3 M.

120. **Telegraphenwegegesetz** von Postreferendar **Wolf.** 1916. 1 M. 60 Pf.

121. **Direkte Kriegssteuer** von Oberwaltungsgerichtsrat **Mrozek.** 1916. 4 M. 50 Pf.

122. **Das Gesetz über den Belagerungszustand** von Kriegsgerichtsrat Dr. **H. Pürschel.** 1916. 5 M.

123. **Warenumsatzstempel** von Geh. Oberjustizrat **Lindemann** 1916. etwa 2 M.

124. **Todeserklärung Kriegsverschollener** von Prof. Dr. **J. Partsch.** 1916. etwa 2 M. 50 Pf.

Guttentagsche Sammlung

Preußischer Gesetze.

Textausgaben mit Anmerkungen. Taschenformat.

1. **Die Verfassungs-Urkunde für den Preußischen Staat.** Mit Einleitung, vollständigem Kommentar. Von Prof. Dr. **Adolf Arndt. 7. Aufl.** 1911. **4 M.**

2. Preußische **Beamten-Gesetzgebung.** Enthaltend die wichtigsten Beamtengesetze in Preußen. Von **C. Pfafferoth. 5., neubearb. Aufl.** 1916. 3 M.

3. **Die Aufnahme des Nottestaments** durch die bestellten Urkundspersonen. Anweisung mit Musterbeispielen und Abriß des Erbrechts von Amtsgerichtsrat **C. Kurtz.** 1904. 1 M. 50 Pf.

4. **Gebührenordnung** für **Notare** vom 25. Juli 1910. **4. Aufl.** bearbeitet von Justizrat **Rausnitz.** 1910. 2 M. 20 Pf.

5. Gesetz vom **24. April 1854 (betr. die außerehel. Schwängerung).** Von Dr. **Schulze.** 1873. 75 Pf.
   Gültiges Recht siehe: Reichsgesetze Nr. 58.

6. **Die** Preuß. **Ausführungsgesetze und Verordnungen zu den Reichs-Justizgesetzen.** Von **R. Sydow.** Siehe Seite 24, Busch-Eylau, Ausführungsgesetze.

7. Allg. **Gerichtsordnung** und Preuß. **Konkursordnung.** Von **F. Bierhaus.** Vergriffen.

8. **Vormundschaftsordnung.** Von **F. Schultzenstein.**
   Gültiges Recht siehe: Reichsgesetze Nr. 47.

9. **Die Preußische Grundbuchgesetzgebung.** Von Prof. Dr. **Fischer.** Vergriffen. Siehe: Reichsgesetze Nr. 42.

10. **Einkommensteuergesetz.** Von **A. Fernow,** Geh. Ober-Finanzrat. 8. **Aufl.** 1913. Mit Nachtrag, enth. Gesetz betr. Erhöhung der Zuschläge vom 8. Juli 1916. 5 M.

11. **Gewerbesteuergesetz.** Von **A. Fernow,** Geh. Ober-Finanzrat. 6., **vermehrte Aufl.** 1915. 4 M. 50 Pf.

12. **Allgemeines Berggesetz.** Mit seinen Novellen und Nebengesetzen. 3. **Aufl.,** bearbeitet von den Oberbergräten **Schlüter** und **Hense.** 1913. 7 M. 50 Pf.

13. **Ergänzungssteuergesetz** (Vermögenssteuergesetz). Von **A. Fernow,** Geh. Ober-Finanzrat. 5. **Aufl.** 1914. Mit Nachtrag. enth. Gesetz betr. Erhöhung der Zuschläge vom 8. Juli 1916. 4 M.

14. **Kommunalabgabengesetz.** Vom 14. Juli 1893 und Gesetz wegen Aufhebung direkter Staatssteuern. Von Dr. **F. Adickes,** Oberbürgermeister. 5. **Aufl.** Bearbeitet von Stadtrat Dr. **Woell.** 1911. 2 M. 40 Pf.

15. Die **Kreisordnungen** für den Preußischen Staat. Von **O. Kolisch,** Landgerichtsrat. 1894. 4 M.

16. **Konzessionierung gewerblicher Anlagen.** Preuß. Ausführungs-Anweisung zu §§ 16 u. ff. der Gewerbe-Ordnung. Von Dr. **W. v. Rüdiger,** Geh Regierungs- u. Gewerberat 2. **Aufl.** 1901. 2 M.

17. **Preußisches Gerichtskostengesetz.** Vom 25. Juli 1910. Mit Kostentabellen. Von Dr. **P. Simeon, Kammergerichtsrat,** 7. **Aufl.** 1913. 4 M.

18. **Preußisches Stempelsteuergesetz** vom 30. Juni 1909. Mit sämtlichen Ausführungsbestimmungen. Von **P. Loeck**, Geh. Regierungsrat. 8. **Aufl.** von Regierungsrat **W. Seyffarth.** 8 M.

19. **Das Jagdscheingesetz.** Von **F. Kunze**, Wirklichem Geh. Ober-Regierungsrat. 2. **Aufl.** 1899. 2 M.

20. Die **preußischen Erbschaftssteuergesetze.** Von **A. Hoffmann**, Rechnungsrat im Königl. preuß. Finanzministerium. 1905. 4 M.

(Reichs-Erbschaftssteuergesetz s. Reichsgesetze Nr. 77).

21. Gesetz **über die Handelskammern.** Von **F. Lusensky**, Geh. Regierungsrat. 2. **Aufl.** 1909. 3 M.

22. Gesetz, betr. **Anstellung und Versorgung der Kommunalbeamten.** Von Dr. **W. Ledermann. 2. Auflage.** Bearbeitet von Dr. **Ludwig Brühl.** 1914. 2 M. 20 Pf.

23. **Ausführungsgesetz zum Bürgerlichen Gesetzbuche.** Von Kammergerichtsrat Dr. **P. Siméon. 3. Aufl.** 1914. 2,20 M.

24. Die **Hinterlegungsordnung** nebst Ausführungsbestimmungen. Von Regierungsrat Dr. **Georg Bartels. 2. Aufl.** 1908. 2 M.

—, Gesetz vom 21. April 1913 s. Nr. 53.

25. **Preußische Kommunalbeamtengesetzgebung.** Von Magistrats-Assessor Dr. **Fr. Kremski, Berlin.** 1901. 3 M.

26. Gesetze **über das Diensteinkommen der Lehrer und Lehrerinnen, Ruhegehalt und Fürsorge für Hinterbliebene. Tabelle zur Berechnung der Ruhegehalts-, Witwen- und Waisenbezüge.** Von Dr. **Ed. Cremer, Beigeordneter.** 1900. 2 M. 40 Pf.

27. Gesetz, betreffend die **Warenhaussteuer.** Von Geh. Ober-Finanzrat Dr. **G. Strutz.** 1900. 1 M. 20 Pf.

28. Gesetz über die **Fürsorgeerziehung Minderjähriger.** Von Landgerichtsdirektor Dr. **P. F. Aschrott. 2. umgearbeitete Aufl.** 1907. 2 M. 80 Pf.

29. Gesetz, betr. **die ärztlichen Ehrengerichte, das Umlagerecht und die Kassen der Aerztekammern.** Von Amtsgerichtsrat Dr. **F. Fidler.** 1901. 1 M. 50 Pf.

30. **Das Preußische Staatsschuldbuch und Reichsschuldbuch.** Von Wirkl. Geh. Ober-Finanzrat **J. Micke.** 1902. 2 M.

31a. **Die geltenden Preußischen Gesindeordnungen.** Herausgegeben in zwei Bänden von **Stephan Gerhard,** Rechtsanwalt in Berlin.

Band I: Gesindeordnung für die altpreußischen Provinzen vom 8. Nov. 1810, bearbeitet mit ausführlichen Erläuterungen unter Berücksichtigung der Ergänzungsgesetze, der Rechtsverhältnisse der Stellenvermittler und der Reichsversicherungsordnung, sowie die Gesindeordnungen für Neuvorpommern und Rügen und für die Rheinprovinz. **2. Aufl.** 1914. 3 M.

31b. **Band II:** Gesindeordnungen für Hannover, Schleswig-Holstein, Hessen-Nassau und den Regierungsbezirk Hohenzollern. 2 M. 50 Pf.

Siehe **auch** Seite 25: **Ratgeber** von **Grieben.**

32. **Die Städteordnung für die sechs östlichen Provinzen** Preußens vom 30. Mai 1853. Von Stadtrat Dr. **Walter Ledermann** u. Magistratsrat Dr. **Ludwig Brühl. 2. Aufl.** 1913. 7 M. 50 Pf.

33. **Rentenguts- und Anerbenrechts-Gesetzgebung in Preußen.** Von Landgerichtsrat **M. Peltasohn** und Rechtsanwalt **Bruno Peltasohn.** 1903. 3 M.

34. **Sammlung der wichtigsten preußischen Strafgesetze** nebst Anhang: Gesetz betr. polizeiliche Strafverfügungen vom 23. April 1883. Von **Otto Lindemann**, Geheimen Justizrat. 1912. **2. Aufl.** 3 M. 50 Pf.

35. **Geschäftsordnung für Gerichtsvollzieher.** Von **Emil Exner.** 1904. 3 M. 50 Pf.

36. **Polizeiverordnungen in Preußen.** Von **Otto Lindemann,** Geheimen Justizrat. 1912. **2. Aufl.** 2 M. 50 Pf.

37. Gesetz über die **Enteignung von Grundeigentum** vom 11. Juni 1874. Von Oberlandesgerichtsrat **O. Meyer. 2. Aufl.** 1911. 2 M. 25 Pf.

38. **Kreis- und Provinzial-Abgabengesetz.** Vom 23. April 1906. Von **Fr. Schmidt,** Gemeindevorsteher. 1906. 1 M. 25 Pf.

39. Gesetz, betr. die **Unterhaltung der öffentl. Volksschulen.** Von Dr. **A. Marcks,** Regierungsrat. 1906. 2 M.

40. **Verwaltungsstrafverfahren** bei Zuwiderhandlungen gegen die Zollgesetze und indirekte Reichs- und Landesabgaben. Von Dr. **Richard Katzenstein.** 1907. 3 M. 60 Pf.

41. Die **preußischen Jagdpolizeigesetze.** Von **Fr. Kunze,** Wirkl. Geh. Oberregierungsrat und **R. Kühnemann,** Rechtsanwalt. **2. Aufl.** 1907. 3 M. 60 Pf.

42. Die Gesetzgebung über die **Allgemeine Landesverwaltung** und über die **Zuständigkeit der Verwaltungs- und Verwaltungsgerichtsbehörden.** Von Rechtsanwalt Dr. **Karl Friedrichs.** 1908. 3 M.

43. Gesetz betr. die **Zulassung einer Verschuldungsgrenze** für land- und forstwirtschaftlich benutzte Grundstücke. Von Dr. jur. **R. Leweck,** Syndikus. 1908. 2 M. 40 Pf.

44. **Quellenschutzgesetz** nebst den Ausführungsbestimmungen von **Carl Voelkel**, Geheimer Bergrat. 1909. 1 M.

45. **Rechtsverhältnisse der Juden in Preußen** von Dr. jur. **Max Kollenscher**, Rechtsanwalt. 1910. 2 M. 40 Pf.

46. **Austritt aus der Landeskirche** vom 14. Mai 1873. Von Gerichtsassessor **Hrch. Chr. Caro.** 1911. 2 M. 40 Pf.

47. Gesetz, betr. die **Feuerbestattung** von Amtsgerichtsrat Dr. **W. Lohmann.** 1911. 1 M. 50 Pf.

48. **Zweckverbandsgesetz für Groß Berlin** vom 19. Juli 1911 nebst Abdruck des allgemeinen Zweckverbandsgesetzes. Von Magistratsräten Dr. **Ludw. Brühl**, Dr. **Kurt Gordan** und Stadtrat Dr. **Walter Ledermann** in Berlin. 1912. 4 M.

49. **Gesetze gegen die Verunstaltung landschaftlich hervorragender Gegenden** mit Ausführungsanweisungen. Von Regierungsrat **Otto Goldschmidt.** 1912. 2 M. 50 Pf.

50. **Gesetz, betr. die Anlegung und Veränderung von Straßen und Plätzen in Städten und ländlichen Ortschaften** von Oberlandesgerichtsrat **O. Meyer.** 1912. 3 M.

51. **Das preußische Disziplinargesetz für die nichtrichterlichen Beamten** nebst dem Disziplinargesetze für die Privatdozenten. Von Regierungsrat Dr. **Eugen v. Dultzig.** 4 M. 50 Pf.

52. **Preußisches Wassergesetz** v. 7. April 1913 von Rechtsanwalt **Georg Wulff** und Rechtsanwalt **Ferd. Herold.** 1913. 5 M.

53. **Hinterlegungsordnung** v. 21. April 1913. Von **Hagemann**, Landrichter. 2 M. 25 Pf.

54. Gesetz, betr. die **Anlegung von Sparkassenbeständen in Inhaberpapieren** nebst Ausführungsverordnung vom 8. Mai 1913. **Kommentar** von Rechtsanwalt **Herbert Döhring.** 2 M.

Die Preußischen Ausführungsgesetze, Verordnungen und **ministeriellen Verfügungen zu dem Bürgerlichen Gesetzbuche und den Reichs-Justizgesetzen nebst anderen zugehörigen Gesetzen.** Von **L. Busch. 2. Aufl.** von Landrichter **O. Eylau.** 8°. Preis geb. 4 M. 50 Pf.

Preußische Bürgerliche Gesetzsammlung. Sammlung der noch geltenden Landesgesetze privatrechtlichen Inhalts. Herausgegeben von den Gerichtsassessoren **D. Fischer** und Dr. **F. Schroeder.** 8°. 2 Bände Preis geb. in ganz Leinen 20 M.

Erster Band: **Das Allgemeine Landrecht mit den Einführungs-Patenten.** Preis 6 M.

Zweiter Band: **Gesetze von 1778—1902.** Preis 14 M.

Kommentar zum Stellenvermittlergesetz vom 2. Juni 1910 unter besonderer Berücksichtigung des zivilrechtlichen Gesetzesinhaltes mit den Ausführungsbestimmungen für **Preußen, Bayern, Sachsen** von **M. K. Samter,** Amtsgerichtsrat. 1912. Gr.-8°. Preis 4 M., geb. 5 M.

Die Gerichtspraxis. Herausgegeben von Kammergerichtsrat Dr. **Ernst Pape** in Verbindung mit Amtsrichter **E. Armstroff,** Berlin-Lichterfelde, Staatsanwalt Dr. **C. Falk,** Berlin, Kammergerichtsrat **M. Gfrörer,** Berlin, Amtsrichter **Wilh. Häuseler,** Berlin-Weißensee, Amtsgerichtsrat **Georg Krause,** Berlin-Tempelhof, Amtsgerichtsrat **L. Levy,** Charlottenburg, Landrichter Dr. **Max Nadler,** Berlin, Amtsgerichtsrat **H. Riesenstahl,** Berlin. 1914. Gr. 8°. Geb. 18 M. 50 Pf.

Prozeßrechtlicher Schutz der Kriegszeit. Ein Kommentar zum Gesetz vom 4. August 1914, betr. den Schutz der infolge des Krieges an der Wahrnehmung ihrer Rechte behinderten Personen von Landrichter a. D. Dr. **Sieskind. 2. Aufl.** 1915. Preis geb. 3 M.

Die Invaliden- und Hinterbliebenenversicherung nach der Reichsversicherungsordnung. Eine systemat. Zusammenstellung der gesetzl. Bestimmungen von Dr. **Richard Freund**, Vorsitzendem der Landes-Versicherungsanstalt Berlin. 1911. 2 M., geb. 3 M.

Wie leitet man eine Versammlung? Geschäftlicher Handweiser für Vorsitzende. Von einem Mitgliede des deutschen Reichstages und des preußischen Abgeordnetenhauses. 2. Aufl. 1908. kart. 1 M.

Praktischer Ratgeber für Dienstherrschaften nach dem Preuß Gesinderecht unter Berücksichtigung der neueren Entscheidungen bearbeitet von **H. Grieben**, Verwaltungsdirektor a. D. und Bürgermeister. 1908. 1 M.

Das Recht der Handlungsgehilfen und Handlungslehrlinge. Von Rechtsanwalt **Hugo Horrwitz**. 2. Aufl. Geb. 3 M.

Die Registratur. Von **Hermann Kollrack**. 2. Aufl. 1906. 8°. Kart. 1 M. 40 Pf.

Die Pflichten des Waisenrates. Ein praktischer Leitfaden für Waisenräte und Verwaltungsbeamte. Von **F. Baum**, Geh. Justizrat und Vormundschaftsrichter. **8 vermehrte und verbesserte Auflage.** 1906. 8°. 60 Pf.

Der Vormund, Gegenvormund, Pfleger und Familienrat. Nach dem Bürgerlichen Gesetzbuch, dem Reichsgesetz über die Angelegenheiten der freiwilligen Gerichtsbarkeit und dem Ausführungsgesetz zum BGB. Ein praktischer Leitfaden. Von **F. Baum**, Geh. Justizrat und Vormundschaftsrichter. 1899. 8°. 50 Pf.

Schlagwort-Register.

R. = Nummer der Sammlung Deutscher Reichsgesetze.
P. = Nummer der Sammlung Preußischer Gesetze.
S. = Seite.

Schlagwort-Register. (R. = Reichsgesetz, P. = preuß. Gesetz.)

Schlagwort-Register. (R. = Reichsgesetz, P. = preuß. Gesetz.)

Schlagwort-Register. (R. = Reichsgesetz, P. = preuß. Gesetz.)

Schlagwort-Register. (R. = Reichsgesetz, P. = preuß. Gesetz.)

Schlagwort-Register. (R. = Reichsgesetz, P. = preuß. Gesetz.)

 Nr 12. XI. 1916. 55 000.

FSC
www.fsc.org
MIX
Papier | Fördert
gute Waldnutzung
FSC® C083411

Kolibri 360 GmbH
Ferdinand-Jühlke-Straße 7
99095 Erfurt, Deutschland
produktsicherheit@kolibri360.de